AUS DEM TAGEBUCH
EINES SCHWÄBISCHEN LANDPFARRERS

Pfarrer Alfons Herb
geboren am 6. Oktober 1889 in Oy/Mittelberg
gestorben am 17. November 1961 in Oberkammlach

Foto: Sepp Hartmann, Mindelheim

ALFONS HERB

Aus dem Tagebuch eines schwäbischen Landpfarrers

ALLGÄUER ZEITUNGSVERLAG KEMPTEN

INHALTSVERZEICHNIS

Umschlag und Illustrationen: Heinz Schubert

Copyright Verlag Hans Högel KG, Mindelheim
1. und 2. Auflage bei Verlag Hans Högel KG, Mindelheim
3. neugestaltete Auflage 9.–12. Tausend
Alle Rechte vorbehalten. ISBN 3 88006 118 1
Satzherstellung: Druckerei und Verlag Hans Högel KG, Mindelheim
Druck: Allgäuer Zeitungsverlag Kempten

VORWORT

Ein kleines Flüßchen, die Kammel, schlängelt sich durch ein
schwäbisches Tal und gab ihm seinen Namen. Von Wäldern
umkränzt, inmitten der blühenden Felder und Wiesen liegt hier
das Dorf Oberkammlach. Sein freundlicher Kirchturm blickt
herab auf Haus und Hof, auf Menschen und Tiere, auf das
ewige Kommen und Gehen der Geschlechter. Wo sich der
Pfarrhof behäbig erhebt, ein Bild beschaulicher Besinnung, hat
ein Priester und Seelsorger, der seit vierzig Jahren die Menschen im Dorfe kennt, ihr Leben gezeichnet. Alfons Herb
erzählt in seinen Geschichten, was das kleine Flüßchen, die
Kammel, in einem Menschenalter hereintrug von der großen
Welt ins Dorf, an Glück und Leid, an Krieg und Drangsal, an
großen und unscheinbaren Ereignissen. Ein gütiger Humor
durchleuchtet und durchwärmt seine Geschichten. Auf allen
Stufen seiner Erzählkunst spürt man, wie er die Menschen des
Dorfes liebgewonnen hat, wie er den Herzton des Volkes
kennt, das rings um den Kirchturm lebt und werkt so lange
das Dorf besteht und mit ihm die Uhren gehen in den stillen
Bauernstuben.
Wie die Kammel das große Weltbeben hereintrug, so trug sie
tausend Botschaften hinaus, vom alten Pfarrhof zu berühmten
Leuten dieser Welt. Begegnungen spiegeln sich in den
Geschichten, und sie fließen zusammen mit den Erinnerungen
des Priesters an die Jugend- und Studentenzeit.
Ein Buch, mit warmem Herzen geschrieben, besinnlich und
lächelnd zugleich. Das große Strahlenbündel des Lebens sam-
melt sich hier reich und farbig im Kristall der Heimat.

Vom Studentle zum Herrle

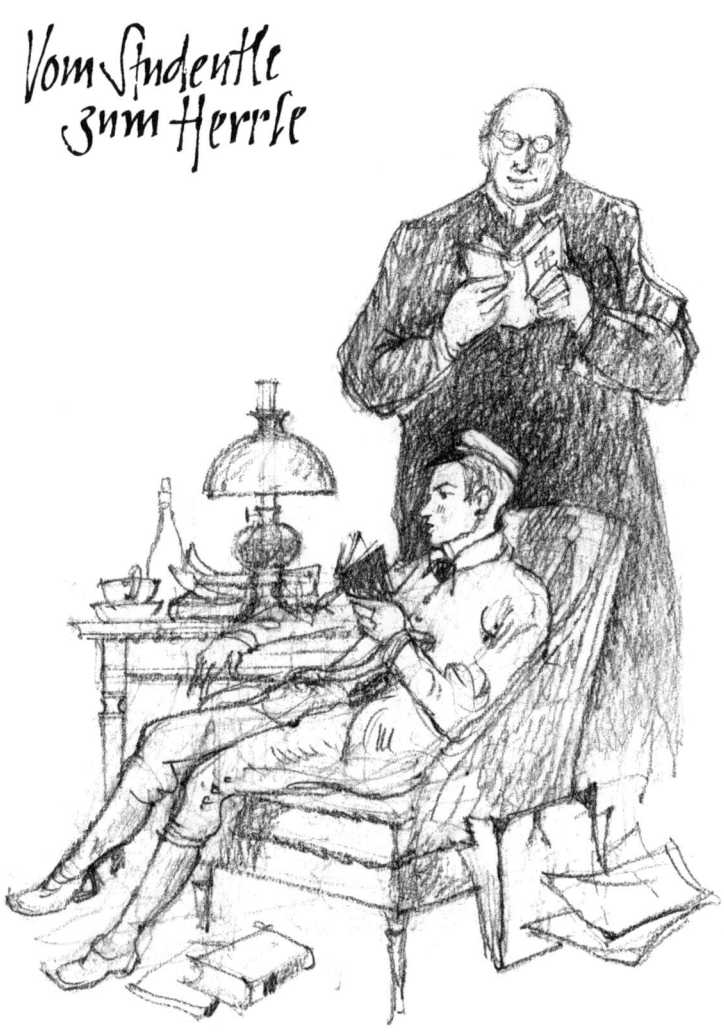

Der Erlkönig

Im Herbst 1899 waren wir 34 Büblein, die an der Türe des Humanistischen Gymnasiums Kempten pochten und Einlaß begehrten, und beim Absolutorium 1908 waren wir von diesen 34 noch ganze fünf, die diese neun Jahre „ungerupft", wenn auch manchmal mit Ach und Krach überstanden haben. Wir hatten in diesen neun Jahren allerlei Lehrer und Professoren, wirklich in den verschiedensten Preislagen und Qualitäten, liebe, gute Menschen, ausgezeichnete Erzieher, aber auch solche, die ihre Spitz- und Schimpfnamen wohl verdient hatten. So hatten wir einmal in der 5. Schulklasse den gefürchteten Professor Spiegel. Ein mittelgroßer, schneidiger Mann in tadellosem Frackanzug; auf seinem kleinen Kopf dunkelbraunes Haar, den Sportplatz seiner Glatze umsäumend, aber im Kopf drin ein paar beerschwarze, stechende Augen unter pechschwarzgerandetem Zwicker; über den schmalen Lippen nie ein freundliches Lächeln, beinahe das Portrait eines Kriminalbeamten. Wen diese Augen angeglotzt und diese Stimme angebrüllt, der hatte nichts mehr zu lachen, der war versteinert wie Niobe. Schlag punkt 8 Uhr riß er die Tür auf und stürzte herein; wir zitterten schon vorher wie Espenlaub. Und nun begann jedesmal und jeden Tag sein Unterricht damit, daß eine ganze Prozession von Sträflingen mit Büscheln von Strafarbeiten in der Hand sich um seinen Katheder zaghaft scharte, um sie dort dem Tyrannen ergebenst zu Füßen zu legen. Hatte doch von uns Schülern ein jeder ein eigenes Büchlein anlegen müssen, worin er nahezu täglich seine diktierten Strafarbeiten in Latein oder Griechisch oder Deutsch oder Geographie oder gleich in allen vier Fächern einzutragen hatte. Beim kleinsten Vergehen konnte man das geflügelte Wort hören, das immer dem Gehege seiner Zähne entsprang: „Schreibt der Bursche sich einmal auf: Cäsar, Kap. 5 und 6 nochmals übersetzen, dann konjungieren: anatithemi, Aktiv, Medium und Passiv, dazu noch eine Karte zeichnen von Spanien mit all seinen Städten und Flüssen und Bergen, damit der Bursche sich

einmal besser auskennt in diesem Lande. Verstanden! Setzen der Bursche mit seinem blöden Gesicht!"

Für den Deutsch-Unterricht hatten wir einmal das Gedicht „Der Erlkönig" von Goethe zu memorieren. Ängstlich und eingeschüchtert büffelte ich fast die ganze Nacht an dem Erlkönig herum, daß ich ihn heute noch hasse, wenn er auch noch so schön vorgetragen oder gesungen wird. Und wirklich – am nächsten Tag war ich schon der erste, der wieder ins Feuer kam. „Herb", brüllte er mich an, „Der Erlkönig!", und dabei stellte er sich hart vor meine Bank und durchbohrte mich mit seinen stechenden Augen, gerade als ob er schon darauf gewartet hätte, daß ich einmal stecken blieb. Was Wunder, wenn ich in halb heulender, halb schluchzender Stimme anfing: „Wer reitet so spät durch Nacht und Wind, es ist der Vater mit seinem Kind", – aber es ging. Ich hatte eben den Erlkönig derartig eingeochst, daß ich ihn beinahe auch rückwärts ohne Schnaufen hätte herunterleiern können; so war ich verängstigt und verschüchtert. Ich glaube, unter diesen Umständen hätte sogar der große Rezitator Possart kapituliert. – Als ich meinen Erlkönig glücklich überstanden hatte und wieder aufschnaufen konnte, brüllte mich der Spiegel an: „Nun gelernt hat's der Bursche; aber dieses Gewinsel und dieses Geleier. Setzen! Schreibt der Bursche einmal auf: Der Erlkönig von Goethe darf nicht heruntergeleiert und nicht heruntergewinselt, sondern muß schön und langsam vorgetragen werden; das schreibt der Bursche 10mal, und danach dann das ganze Gedicht, und macht dann nach jedem Punkt oder Komma einen Querstrich, damit der Bursche das nächste Mal weiß, wann er abzusetzen hat, verstanden!" – „Ja, Herr Professor!" immer noch am ganzen Leibe zitternd und bleich vor Angst. Da hatte hinter mir ein Mitschüler Mitleid mit mir, es war der Milz Mathias, ein derber, aber gutmütiger Bregenzer, und ließ halblaut den Ausdruck fallen: „Sauhund"! – „Wer hat da gerufen?" schrie der Spiegel. – „Ich, Herr Professor", bekannte sofort heldenmütig der Milz. – „Wen hast du damit gemeint mit dem Sauhund?" „Den Erlkönig, Herr Professor", sagte schlagfertig der Bregenzer. Der Herr Professor glaubte es; wir Schüler aber

lachten alle heimlich auf den Stockzähnen, weil wir den richtigen Sauhund kannten. Aber gleich erhielt der Milz folgenden Bescheid: „Setzen, schreibt der Bursche sich einmal auf: Der Erlkönig von Goethe ist kein Sauhund; und das 50mal! Verstanden!"
Gut, am nächsten Morgen stand auch Milz in der Prozession der Sträflinge mit der 50fachen Bestätigung, daß der Erlkönig kein Sauhund ist, und ich mit der 10fachen Bescheinigung, daß der Erlkönig ein schönes Gedicht ist, das man nicht herunterleiern darf. − Wenige Tage darauf war für uns Schüler des Gymnasiums Adventsbeichte. Als wir auf den Stufen von St. Lorenz miteinander das Gewissen erforschten, meinte der Milz schalkhaft: „Mein Gott, was müssen denn wir alles wieder beichten? Ist das auch eine Sünde − beim 4. Gebot −, wenn wir einen Vorgesetzten einen ‚Sauhund' geheißen haben?" - „Auf jeden Fall keine schwere", meinte einer von uns, „weil er's wirklich war." − Und so haben wir denn nachher recht aufrichtig Buße getan und innig zum lieben Gott gebetet: „Vergib' uns unsere Schuld, aber auch − erlöse uns von diesem Übel! Amen."

Eine Stunde beim ungläubigen Thomas

2 Uhr nachmittags − eben hat es die Kuhglocke des Hauses, von unserem Gymnasialpedell mit kräftiger Feldwebelhand gezogen, verkündet; wir Oberkläßler sind noch in angeregter Unterhaltung, auch dann noch, als sich die Türe öffnet und der Herr Mathematikprofessor Lindner das Klaßzimmer betritt. Eine mittelgroße Figur, schon ziemlich vorgerückt an Jahren, mit grauschwarzem Vollbart und spärlich bewachsenem Sportplatz auf dem Haupte, gekleidet meist in braunem Gehrockanzug und großem, schwarzem Schlapphut. Die meist schiefsitzende Deckkrawatte und der wackelige Liegkragen verrieten den einsamen Junggesellen. Seiner Aussprache nach schien er aus dem Frankenland zu stammen, und von uns Schülern hatte

er den Spitznamen „der Thomas" erhalten, weil er in seinem Unterricht oft die stehende Redensart gebrauchte: „Da könnte nun ein ungläubiger Thomas hergehen und behaupten ..." Seine Unterrichtsform basierte weniger auf einer wissenschaftlich aufgebauten und frei vorgetragenen Lektion als vielmehr auf einer trockenen Vordozierung aus seinem obligaten Büchlein, das handschriftlich aufgezeichnet seine ganze Wissenschaft mit allen Formeln und Figuren enthielt neben dem Verzeichnis seiner Schüler und ihrer Noten. Was Wunder, wenn uns aufgeweckten Prinzen der Oberklasse diese Unterrichtsmethode viel zu langweilig war und wir auf alle Art und Weise versuchten, Leben in die Bude zu bringen. Vor allem gelang es uns, mit unserem natürlichen, freilich oft ausgelassenen Schülerhumor, durch alle möglichen Zwischenbemerkungen und Zwischenfragen den Herrn Professor aus dem Konzept zu bringen, bis er oft ratlos und hilflos auf seinem Katheder stand, wie der Beckmesser auf der Festwiese der Meistersinger versungen und vertan, zugedeckt von den Lachsalven seiner Lehrjungen. Eine Stunde ist mir heute noch in lebhafter Erinnerung, aufgezeichnet im Tagebuch meiner Studenten-Erinnerungen: Montag nachmittags von 2-3 Mathematische Geographie.

„Also ich sache (= sage).., Schützinger, wenn ich rede, haben Sie den Mund zu halten!" — „Herr Professor, ich habe gar nichts gesagt. Entschuldigens, ich habe nur mit dem Mund so getan." — „Schützinger, wenn ich mit meinem Munde reden will, hat Ihr Mund sich nicht zu bewegen! Also ich sache ... — Renz, wenn ich etwas sache, müssen Sie wieder zum Fenster hinaussehen; — also ich sache ..., aber Milz, jetzt müssen Sie wieder zum Besch in das Heft hineinsehen, anstatt zuzuhören; — also ich sache: heute kommen wir zu etwas sehr Wichtigem, nämlich zu der Dadsache, daß sich die Sonne nicht um die Erde dreht, sondern die Erde um die Sonne. Das war doch eine großartige Entdeckung von dem Gobernigus gewesen." — „Herr Professor, entschuldigen S', dürfen wir jetzt das Fenster öffnen", fragt der Felber, „indem daß es so heiß herinnen ist?" — „Also gut, das Fenster wird geöffnet." — „Herr Professor",

wandte kurz darauf der Baur ein, „entschuldigen S', darf das
Fenster wieder geschlossen werden, indem daß ich einen
Ohrenkatharrh habe und vom Arzte aus jede Zugluft meiden
soll?" − Also, das Fenster wird wieder geschlossen. „Also ich
sache . . .", fährt der Herr Professor weiter, „da könnte jetzt
ein ungläubiger Thomas kommen und sachen: . . . Jetzt
müssen Sie wieder mit dem Kopf im Zimmer herumsehen,
Bisle, anstatt daß Sie zur Tafel vorsehen." − „Entschuldigen S',
Herr Professor", meinte Bisle, „da ist gerade ein Maikäfer
hereingeflogen!" − „Also weiter! Ich sache: da könnte jetzt ein
ungläubiger Thomas kommen und sachen −, halt, zuerst alle
Fenster schließen, damit kein Maikäfer mehr hereinkommt!" −
Alle Fenster werden restlos geschlossen. Der Herr Professor
will weiterfahren, hat aber den Faden nicht mehr gefunden,
nicht einmal mehr zum ungläubigen Thomas, als sich schon
wieder einer mit dem zeigenden Finger meldet: Spieler. −
„Herr Professor, bei uns hinten riecht es jetzt furchtbar, wir
haben Kopfweh; darf nicht bei uns das Fenster geöffnet werden?" − „Ja, meinetwegen! − Also weiter, ich sache: da könnte
jetzt ein ungläubiger Thomas kommen und sachen, das glaube
ich nicht, daß sich die Erde um die Sonne dreht, da spüre ich ja
gar nichts davon! Diesem ungläubigen Thomas müßt ich aber
sachen: Jetzt stehen Sie schon wieder am Fenster und schauen
auf die Straße hinunter, Schützinger, das geht doch nicht!"
„Entschuldigen S', Herr Professor, da sind grad welche vorbei-
gegangen und haben auch heraufgeschaut." Es waren vorbeige-
hende Schülerinnen vom benachbarten Nymphen-Institut, die
manches Mal zu unseren Fenstern heraufschauten oder herauf-
schielten. − „Also ich sache: das hat der große Gobernigus
entdeckt, daß sich die Erde um die Sonne drehe, und zwar
nicht im Uhrzeichersinn, sondern im Gegenzeichersinn; also
Renz, jetzt müssen Sie wieder an dem Vorhang herummachen,
anstatt daß Sie mitschreiben!" „Entschuldigen S', Herr Professor, die Sonne blendet mich so −." „Ja, die wird sich schon
verziehen und weitergehen", meint der Herr Professor. −
„Aber die Sonne bleibt ja immer stehen, hat der Herr Professor
eben gesagt", wendet Renz ein. − „Aber jetzt will ich endlich

einmal fortfahren, – also alle ruhig sein, also ich sache: das Pdolomäische Weltsystem, wonach sich die Sonne um die Erde drehe, ist jetzt durch den Gobernigus widerlegt worden. Gobernigus nimmt an, daß nämlich die Sonne feststehe und die Erde sich in einem exzentrischen Kreise um die Sonne im Gechenzeichersinn beweche." – „Herr Professor", fragt jetzt Gottfried Schmid, „entschuldigen S', eine Frage: Meinen Sie Herr Professor, daß das damit zusammenhängt, was ich am letzten Samstag abends nach unserer Kneipe selbst erlebt habe? Wie wir nämlich aus dem ‚Fäßle' herauskamen, hat sich wirklich die Erde um mich gedreht." – Ein schallendes Gelächter in der ganzen Klasse. Der Herr Professor steht sprachlos und unbeweglich an seinem Katheder, hilflos wie wahrhaftig der Beckmesser auf dem Hügel, versucht zu sprechen, aber seine Worte gehen unter in den Lachsalven seiner Schüler.
Da kommt der Deus ex machina – es öffnet sich die Tür, und der Rektor im obligaten Halbzylinder stürzt herein: „Was ist denn das für ein Lärm und für ein Spektakel? Man hört es bis auf die Straße hinunter, die Leute bleiben stehen, eine Schande für das Gymnasium, schämen Sie sich!" – Eisige Stille. – „Über allen Gipfeln ist Ruh', in allen Wipfeln spürest Du kaum einen Hauch." – Die Kuhglocke des „Pudels" schlägt drei Uhr und meldet den Schluß der Stunde und die Erlösung für den armen Professor Lindner. – „Warte nur, balde ruhest Du auch." Und wirklich: noch im gleichen Jahre wurde er in den Ruhestand versetzt, der ungläubige und doch wieder so gläubige Thomas.

Vom Schinderhannes

Es war einmal ein Räuberhauptmann, das war der Schinderhannes. Und es war einmal ein Professor in Kempten, das war auch ein Schinderhannes. – Es war am Gymnasium dort, da zählten wir am Schlusse der 6. Klasse 43 Schüler, am Beginn der 8. Klasse nur mehr 19 im ganzen; also waren über die 7. Klasse nicht weniger als 24 auf der Strecke geblieben. „Das war Tells Geschoß". Wir hatten nämlich als Klaßleiter der 7. Klasse den gefürchteten „Schinderhannes" mit dem bürgerlichen Namen Johann Schmid, damals Gymnasialprofessor in Kempten. Eine große, stattliche Figur, meist in schwarzem Anzug, wirklich der Amtstracht für einen Scharfrichter, mit einem schwarzen Spitzbart und auf dem wenig bemoosten Haupte einen hellglänzenden Sportplatz. Auf der langen Nase saß der goldgerandete Zwicker, an einer langen schwarzen Schnur befestigt. Meist ließ der Herr Professor diesen Zwicker während seines Unterrichts ständig schwingen, je nach Stimmung: bei „Schön" oder „Veränderlich" in einem Winkel von 90 bis 180 Grad, bei „Gewitter" und „Sturm" aber in einem solchen von 360 Grad.

Gleich in den ersten acht Tagen bekamen wir eine deutsche Hausaufgabe über das Thema von Goethe: „Eine Reise belebt, bildet und belehrt." Das konnte freilich der Herr Goethe von sich sagen, der die Mittel dazu hatte, auf der ganzen Welt herumzukugeln, aber wie konnte ich armer Schlucker von der Suttgasse drunten über eine Reise schreiben, der ich bloß von der Altstadt in die Neustadt gekommen war. Wie sollte mich da eine Reise beleben, bilden und belehren, wenn man bloß ein wöchentliches Taschengeld von 20 Pfennig in der Hosentasche hat! Wohl versprach mir mein Pultnachbar, der Lindauer Hofratssohn Hermann Schützinger, seine Hilfe und seinen Beistand. „Herb, jetzt horch! Heut' nacht möcht ich der Kellenberger ein Ständchen blasen, und du gehst mit und machst den Aufpasser, daß mich der ‚Pudel' nicht erwischt. Dann bekommst du einen Fufzger, und dann außerdem sage ich dir, was du für unseren Reise-Aufsatz schreiben kannst." Gesagt, getan. Allein mein Leporellodienst reichte nicht so weit: Der Herr Professor war mit meinem Reisebericht nicht zufrieden, hat ihn glattweg mit roter Tinte durchgestrichen und darunter geschrieben: „Lächerlich dürftige und armselige Arbeit!" und vorne mit der schlimmsten Note ausgezeichnet: 4*. – Versungen, vertan! – Übrigens war ich damals nicht der einzige; von Knallvierern hat es nur so geregnet, und nur wenige waren unter drei taxiert; sie alle hatte anscheinend das

Reisen nicht besonders belebt und belehrt. Ich habe nämlich
heute noch die ganzen Hausaufgabenaufsätze der Klasse über
diese „Reise" in meinem Besitze. Wie möglich? Im unteren
Hausgang des Gymnasiums war nämlich eine große Holzkiste,
und darin waren ganze Bände von Schul- und Hausaufgaben
der Gymnasialschüler, die vom Rektorat der Hausmeisterei
zum Einfeuern übergeben worden waren, und die hatte mein
Spürsinn entdeckt. Ein gutes Wort und eine gute Zigarre für
den Herrn Pedell taten das ihre, daß ich zu solchen Besitztü-
mern kam, die mir heute noch liebe Andenken sind.
Unser Herr Professor Schmid war nämlich sehr freigebig mit
seinen Vierern, damals die schlechteste Note! − Einmal hatte
ich gleich vier Vierer, und zwar auf einmal in seinem grünen
Notenkalender vermerkt bekommen. Es war in der Livius-

Stunde (Lektüre des lateinischen Historikers Livius). „Herb", brüllte es mit tiefer Baßstimme, „die Situation!" – Wir mußten nämlich immer zu Beginn jeder Livius-Stunde vor der Weiterlektüre die Situation berichten können. Wir standen gerade bei der Schlacht von Kannä. Die Situation war damals für die Römer recht verzwickt, sie waren in der gleichen Sackgasse wie ich: sie wußten nicht, was sie tun sollten, und ich wußte nicht, was ich sagen sollte. Ich war darum ganz erschrocken und nur zögernd aufgestanden. „Schon dein Aufstehen verdient die Note 4, und jetzt deine Unwissenheit ebenfalls die Note 4!" – 2. Treffer! – „Wo standen die Römer?" – Keine Antwort. – „Note 4!" – 3. Treffer! – „Wo standen die Karthager?" – „Langes, erneutes Schweigen", heißt's im „Lohengrin". „Ohn' Antwort ist der Ruf erschallt, um deine Sache ist es schlecht bestellt", hätte auch mir der Opernchor singen können. Und wirklich: „Setzen, Note 4!" – Der 4. Treffer!
Nicht lange darauf machten wir, etliche unserer Klasse, an einem Samstagnachmittag einen Spaziergang auf den Blender, um uns von den Aufregungen der Schlacht von Kannä zu erholen. Durstig und müde von der zweistündigen Wanderung, kehrten wir im Gasthaus von Ermengerst ein, damals freilich ein Staatsverbrechen für Gymnasialschüler. Kaum hatten wir frohe Studenten das Lied von der Lore am Tore angestimmt, da auf einmal stieß einer in den Schreckensruf: „Dr Schinderhannes, dr Schinderhannes!" – Wahrhaftig: Hannibal ante portas! – Er stand schon draußen vor der Wirtschaftstüre. Ein Rennen und Sausen, Jucken und Springen, Eilen und Hasten hin und her, auf einen Schlag waren alle verschwunden: der eine hinter dem Ausschanktisch, der andere im Büfettkasten, der dritte unter der Gautsche, der vierte auf dem Kachelofen, der 5. hinter ihm, der 6. und 7. zum Fenster hinaus, hinter dem Misthaufen ihre Deckung suchend. – „Frau Wirtin", hörten wir dann den Herrn Professor brummen, „verkehren bei Ihnen auch Studenten im Gasthause?" – „Na, na", erwiderte schlagfertig die Wirtin, „'s ganze Jahr it!" – „Ja, ich hab doch gerade Singen und Bierkrügl klappern gehört!" – „Ja wissens, Herr Professor, das waren die Kanal-

arbeiter, die bei uns gerad Brotzeit gemacht haben." – Wahr-
haftig, die Gefahr war vorüber; der Schinderhannes haute ab. –
„So, Ihr Prinze, iez kommet no meh raus", kam gleich die
rettende Wirtin; und wie wir jetzt in tiefen Atemzügen wieder
aufschnaufen konnten! – Am ganzen Leibe noch zitternd wie
Espenlaub, bezahlte ich meine Zeche: 9 Pfennig (ein Schoppen
Bier und ein Brot). Und gebückt und geduckt schlichen wir
dann von der Stätte des Grauens wie die Nibelungenzwerge in
„Rheingold".
Wieder einmal machte ich an einem freien Nachmittag einen
Spaziergang auf den nahen Mariaberg, ausgerechnet auch der
Schinderhannes – Verzeihung! – der Herr Professor Schmid.
„Was willst denn du da heroben? Es wäre gescheiter, du
würdest daheim bleiben und deinen Livius besser studieren.
Was hast du auf dem Mariaberg zu suchen?" – „Eine frische
Luft, Herr Professor", antwortete ich schlagfertig. „Entschuldigens, mein Vater hat gesagt: Jetzt machst du einmal, daß du
an die frische Luft kommst mit deinem Milchsuppengesicht!"
– „Ja, wo wohnst du denn?" fragte mich dann, jetzt schon
etwas weicher gestimmt, der Herr Professor. „An der Sutt
drunten", war meine Antwort (und die Sutt war schon wirklich
eine winklige, licht- und luftarme Gasse der Altstadt). – „So,
dann ist es etwas anderes", und schaute mir fast mitleids-
voll in mein blasses, mageres Gesicht. „Das kann ich dann
schon verstehen."
Und seitdem schien es, als ob sich jetzt etwas wie Mitgefühl für
mich armen Schlucker in seinem Inneren geregt hätte. Seitdem
hörte auch der Bombenregen der Knallvierer für mich auf, und
zuletzt kam ich sogar in seine Gunst, weshalb ich auch am
Ende des Schuljahres zur kleinen Zahl der Auserwählten
gehörte, die das Ziel der Klasse ungerupft erreichten.
Später besuchte ich einmal sein Grab auf dem Friedhof in
Füssen und schenkte ihm ein stilles Gedenken und schied
dann von seiner Ruhestätte mit dem Gedanken: „Lieber Schinderhannes, leb wohl, magst vielleicht doch einen süßen Kern
gehabt haben, aber weißt, schon in einer recht, recht rauhen
Schale!"

Das rutschende Lexikon

Ein Prüfungserlebnis aus der Studentenzeit

Es war ein heißer und schwüler Tag, dazu unsere drük-
kende Angst vor dem Abs unseres Gymnasiums. Früh 7 Uhr
war es, da wurden wir vom Kemptener Gymnasium in die
nahe Turnhalle geführt wie 22 arme Delinquenten zur Hin-
richtungsstätte. Dort in dieser geräumigen Halle sollten wir
also die entscheidende Abschlußprüfung machen. Ein jeder
wurde in eine eigene Bank gesetzt, soundso viele Meter voneinander entfernt, um alle Annäherungsversuche zu unterbinden;
die Werke der christlichen Barmherzigkeit zu üben, wie
Unwissende lehren, Zweifelnden recht raten, war einem also
hier nicht mehr möglich gemacht. Beim Eintritt in diese Halle
war es uns zumute wie den Backheandln am Oktoberfest,
wenn sie zum Rupfen in die Brathalle getrieben werden. In
feierlichem Brusttone eröffnete unser Rektor, flankiert von
gestrengen Professoren, den Prüfungsakt und teilte die Aufga-
ben aus, die ins Lateinische zu übersetzen waren. Eine große
Spannung: „Wer führt die Aufsicht?" Gottlob und sei Dank
waren inzwischen die finsteren Professoren mit ihren Argusaugen verschwunden, dafür kamen die beiden ersten aufsichtführenden Lehrer: Unser dicker katholischer Religionsprofessor,
der sich gleich auf seinem Stuhl niederließ, und sein evangeli-
scher Kollege, der auch immer freundliche Kirchenrat E.
„Gute Kerls, feine Hunde" nach unserer derben Studenten-
sprache. Bald ging es an ein leises Fragen und Flüstern, an ein
geheimnisvolles Tuscheln und Muscheln unter der Bank; die
besser ausgerüsteten hatten sogar ein kleines Wörterbuch bei
sich verborgen an der grünen Seite. Ich hatte auch eines, wohl
geborgen in einer inneren Hosentasche, um es bei einer eventu-
ellen, bereits angedrohten Leibesvisitation nicht in die Hände
der Feinde fallen zu lassen.

Nun schlägt es acht Uhr an der nahen Seelenkapelle, die aufsichtführenden Professoren werden ständig gewechselt; die braven, feinen Herrn ziehen ab - wer kommt wohl jetzt bei der Tür herein? Um Gotteswillen: „Der Schinderhannes und der Hundling." „Jetzt ist es gefehlt", lispeln manche. Mein Nachbar Schützinger schimpft und flucht, andere auch, ich ergebe mich in mein Schicksal. - Alle Spickzettel und Spickheftchen und Wörterbücher und Büchlein verschwinden, wie vom Zauberer Rastelli magisch berührt, so auch mein kleines Lexikon. Aber in der Angst und Aufregung und Eile hatte ich es nicht in die Hosentasche, sondern neben die Tasche geschoben - und merkte es nicht. Nach der zweiten Prüfungsstunde hatten wir die Erlaubnis, einzeln den Prüfungssaal zu verlassen, um auf die Toilette zu gehen. Man mußte sich aber bei dem wie ein Cerberus vor der Türe sitzenden Professor ab- und anmelden. Nun wollte ich mich auch melden, erhob mich von meinem Platze und ging zum Katheder an der Türe vor. Doch welcher Schreck, da fängt etwas zu rutschen an - mein kleines Lexikon, das ich bei mir trug, das ich in der Aufregung nicht in die Tasche, sondern neben dieselbe geschoben hatte. Schon war es beim Laufen bis zum Knie heruntergerutscht, noch ein Schritt - und es wäre beim Hosenärmel herausgefallen. Mir wurde es ganz miserabel schlecht vor Aufregung und Angst, bleich und blaß stand ich vor dem Katheder. „Herb, ist's Ihnen schlecht?" fragt mich der Schinderhannes. „Gehen Sie sofort an die frische Luft in den Hofraum hinaus!" Ein zitterndes „Ja". − Noch einen Schritt − und ich wag's, aber einen langen Schritt, ich öffne rasch die Tür und flugs gehts hinaus, und schon schlüpfte das damische Lexikon aus dem Hosenärmel.

Blitzartig die Türe zu, ein Griff nach dem Büchlein am Boden - ein Sprung ins nahe Closett und schon lag das Lexikon in der schweigenden Güllengrube des Closetts - die Situation ist gerettet. - Da kommt der Herr Professor jetzt auch zu mir heraus in den Gang und frägt mich: „Herb, ist's Ihnen jetzt leichter heraußen?" „Ja, Herr Professor", antwortete ich mit einem tiefen Seufzer, „es ist mir jetzt wirklich leichter geworden." Und ich konnte jetzt wieder schnaufen.

Eine Weihnachtserinnerung

Heiliger Abend war's — trübe, schwere Nebelwolken hingen herunter, ein grimmig kalter Sturmwind heulte herein bis in unsere armselige Studentenbude, drunten im äußersten Schwabing, im 4. Stock eines großen Hauses unter dem Dachgebälk. Während sie drunten in den unteren Stockwerken schon ihr Weihnachten feiern konnten in warmen, hell erleuchteten Salons, bei duftendem Punsch und perlendem Sekt in rauschender Freude, mußten wir armselige Bewohner des 4. Stockes unser Weihnachten erst mühsam vorbereiten. Unsere alte, kleine, dicke Hausfrau hatte ihre letzten Holzscheitchen spendiert, bündelweise zu 10 Pfennig hatte sie dieselben immer erstehen müssen im kleinen Eckladen unserer Straße und sie dann 12 Stiegen bis zu uns heraufschleppen müssen, keuchend und pustend; ich konnte ein paar Kohlenstückchen aus der Tasche hervorziehen, die ein Kohlenfuhrwerk auf der Straße verloren und ich dann aufgelesen hatte; meine Zimmernachbarn brachten noch alte Bücher und Zeitungen unserem hungernden Ofen zum Fraße. Nun hatten wir wenigstens einen einigermaßen angewärmten Raum, aber noch lange keinen Weihnachtstisch. Wohl hatte ich auf dem Viktualienmarkt ein kleines Christbäumchen aufgetrieben, das billigste zu 20 Pfennig. „Gelln's, das kimmt nach Schwabing", meinte treuherzig die Verkäuferin, „i woaß scho, do hams net vui Geld", und schenkte mir noch ein paar Daas-Äste zum hineinflicken in das Bäumchen. Mein Zimmernachbar Angelo, ein junger italienischer Kunstmaler (er war eben zu Fuß von Venedig nach München gekommen, weil er das Geld zur Fahrt nicht hatte), brachte für uns alle das Abendessen: Es waren fünf Päckchen Fleisch und Wurstabfälle zu 5 Pfennig, die er bei dem gutmütigen Metzger in der Belgradstraße erhalten hatte; ein anderer Zimmernachbar, Stanis, ein intelligenter, aber ebenso mittelloser Medizinstudent aus Weißrußland, hatte von unserer Bäckerin im Nachbarhaus eine Tüte voller Semmeln erhalten, auch „zu verbilligten Preisen", weil sie entweder angebrannt oder altbacken waren. Unsere vierte Hausgenossin, eine blonde, aber bleiche Verkäuferin vom Tietz hatte ihr Weihnachtsgebäck gebracht und uns spendiert — ihr Unglück war unser Glück, sie hatte es nämlich für ihren Bräutigam vermeint, der aber jetzt eine andere erkoren hatte und sie erbärmlich sitzen ließ; nun hatte sie es uns gebracht und an uns verteilt: Dreieinhalb Stücklein trafs für jeden, redlich verteilt. In großzügiger Weise brachte dann unsere alte Hausfrau einen heißen, sogenannten Punsch, ein Gebräu aus essigsaurem Pfälzerwein, ziemlich viel Wasser und den Restbeständen ihrer verstaubten Gewürzschublade. So saßen wir alle um den Tisch herum, unsere Schlafdecken um uns gehüllt, weil es uns alle richtig fror, wie die armen Hirten um das Lagerfeuer. Ich glaube, wenn uns Puccini hätte besuchen können, hätte er auch bei uns das Milieu für seine „Bohème" finden können. Als ich später einmal in der großen Mailänder Scala in weichen, wohlgepolsterten Sesseln, unter Leuten in Samt und Seide sitzend, seine Bohème auf der Bühne sah, wären mir bald die Tränen gekommen bei dem Gedanken: so hatte ich auch einmal Bohème nicht bloß gesehen, sondern auch erlebt —. Nun versuchten wir natürlich noch das obligate Weihnachtslied von der stillen heiligen Nacht zu singen. Unser Italiener fing an: „I scho ka singa Stiele Nagt, eilige Nagt, alles släft, einsam wagt— warum du nix singa?" fragte er den Russen: „O i nix daitsch, das Daitsche spregen so schwer, das singen noch mehr." „Warum du nix?", aber unsere Mimi war nicht aufgelegt und heulte schluchzend in ihr Taschentuch und wischte sich mit ihrem eisig kalten Händchen die Tränen ab, die aus ihren blauen Augen über die bleichen Wangen rannen. Aber unsere alte Hausfrau mit ihrer kräftigen Gießkannenstimme und ihrem großen Blasbalg war unsere Führerin in Stimme und Stimmung. So sangen und erlebten wir die stille, heilige Nacht in unserem armseligen Dachstüblein, dachten an unsere Lieben in der Heimat und vergaßen unsere gemeinsame Not. Kalt war es draußen, neblig und dunkel, aber doch warm in unseren Herzen und licht und hell in unserer Seele. Wohl konnten wir nicht so Weihnachten halten wie die da drunten im unteren

Stockwerk, die es feierten mit Sang und Klang in Saus und Braus, hinter Bergen von Weihnachtsgaben und Weihnachtsgeschenken, aber vielleicht war uns da droben im armseligen Stübchen des 4. Stockes das Christkind näher als jenen drunten, näher mit seinem Frieden und seiner Freude, seinem Segen und Glück, in jener stillen heiligen Nacht.

Musik und Schnupftabak

Daß Musik und Schnupftabak harmonisch unter einem Dache wohnen können, hat nicht bloß der große Musiker Anton Bruckner zur Wahrheit gemacht, der ganz gerne mal, ob auf seiner geliebten Orgelbank sitzend oder am Dirigentenpult stehend, vor Hunderten von andächtigen Konzertbesuchern seine Schnupftabakdose aus seiner hinteren Rocktasche zog und eine kleinere oder größere Prise zu sich nahm und lächelnd zu seinen Orchestermusikern sagen konnte: „Meine Herrn, dös is die Würze der Musik!"

So war es auch bei meinem ehemaligen Musiklehrer, dem Professor Eugen Jochum von Kempten, der 9 Jahre lang uns in Gesang, Violine und Klavier dort unterrichtete. Es war nicht der bekannte Tonmeister der Gegenwart, der Generalmusikdirektor Eugen Jochum von München, sondern sein gleichnamiger Onkel und Taufpate, damals Chorregent an der Lorenzkirche und Lehrer für Musik am Gymnasium meiner Heimatstadt.

Wenn Richard Wagner einmal gesagt hat: „Von all denen, die musizieren, sind wohl alle Musikanten, aber nicht alle Musiker", konnte man wohl mit Gewißheit von Eugen Jochum sagen: er war Musiker mit Leib und Seele; als Sänger wie als Instrumentalist, als Dirigent wie als Chorleiter: ein geborener Musiker wie sein ganzes Geschlecht. Nachdem schon mein Großvater, der Lehrer Balthes Herb von Sulzberg, wie sein Vater, der alte Schulmeister Jochum von Boos, gute Freunde waren, und mein gleichnamiger Onkel mit ihm im Lauinger Seminar auf gleicher Bank gesessen, durfte ich mich bei ihm einer bevorzugten Stellung erfreuen und wurde darum auch mit besonderen Diensten betraut: Oftmals in seiner Wohnung seine Schnupftabakdose von seiner Frau füllen lassen, beim Krämer ein frisches Fichtennadlerpackl holen, um dann an seiner Seite auf einem Notenblatt eine würzige Mischung mit Bolongarotabak zu fabrizieren. Dann wieder durfte ich bei ihm zu Hause ein frisches Sacktuch holen oder die zwischen die

Klaviertasten im Gymnasium oder zwischen die Pedale der Orgel von St. Lorenz gefallenen zahlreichen Schnupftabakreste zusammenlesen, oder — neben dem Klavier oder der Orgel stehend — die Noten seiner Partitur umblättern und dabei seine geheimen wie seine lauten Flüche — eine Blütenlese aller heiligen Namen — über mich ergehen lassen; oder in der Adventszeit früh 6 Uhr in der Lorenzkirche beim Rorate ihm an der Orgelbank einsagen, wenn gerade Opferung oder Wandlung sei, weil er eben erst nach einer langen „Sitzung" im „Sieben Hansen" heimgekommen war und seine gläsernen Augen noch nicht alles unterscheiden konnten; oder wann er gerade Besuch bekam, wie von seinem Bruder in Babenhausen, durfte ich dessen Buben einstweilen betreuen — heute die bekannten Jochum-Dirigenten der Gegenwart — indes er mit seinem Bruder zum obligaten Dämmerschoppen ging, und dergleichen mehr.

Jochum war ein guter Musiker wie auch ein guter Musikpädagoge, wenn auch manches Mal der nichts zu lachen hatte, über den sich die Schale seines Jähzornes ergoß. Und gar oft konnte es passieren, wenn der junge Schüler zu Hause nicht gebührend geübt oder im Zusammenspiel nicht aufgepaßt, daß er seine schnupftabakgebräunte Hand an den Ohren zu spüren bekam oder seinen Geigenbogen um den Schädel tanzen sah; „wenn Du's jetzt noch nicht hineinbringst, Du Schafskopf, dann hau ich's Dir hinein." Nach solchen Sforzatos hat man wirklich Takt und Tempo lernen können. Nicht umsonst soll er wegen seiner Grobheit seinerzeit aus dem Volksschuldienst entlassen worden sein, um aber kurz darauf wegen seiner hervorragenden musikalischen Fähigkeiten als Chorregent und Musiklehrer Anstellung zu finden. Freilich hat es auch hier manchmal Schwierigkeiten gegeben. Als Studenten des Gymnasiums hatten wir manchmal Gelegenheit, bei größeren Aufführungen des Kemptener Liederkranzes, dessen Dirigent Jochum war, im Chor mitzuwirken und dabei auch zu erfahren, daß er nicht bloß bei uns Buben, sondern auch bei den erwachsenen Mitgliedern des Liederkranzes, oft Personen in Amt und Würden, mit seinen Ausdrücken und Titulaturen nicht besonders wähle-

risch war. „Sie Ochs, was brüllen Sie denn da in die Welt hinaus und drücken so herunter. Sie sollen d singen und nicht des", konnte er zu einem sonst angesehenen Sänger des Chores sagen; oder zu einer vornehmen Sopranistin: „Was grillen Sie denn so laut und schreien so, als ob Sie alleinig auf der Welt wären; piano sollen Sie singen, viel mehr piano, Sie blöde Gans!" Einmal war er mit dem Tempo unseres Gesanges nicht zufrieden, wir hatten sein gewünschtes Allegro-Tempo nicht erreicht; „nicht so schleppen, ihr Lahmarscher; freilich mit euren Allgäuer Kuhmäulern kommt ihr da nicht mit!" Und da klopfte er mit seiner Schnupftabakdose auf das Pult, mit seinen Füßen stampfte er auf den Boden, und mit zornig zitterndem Munde zählte er mächtig laut den Takt, während seine dunklen, rollenden Augen uns durchbohrten – und wir lernten richtiges Tempo und richtigen Takt für immer.

Aber schon – wer Jochums Schüler war, hat wirklich etwas von ihm gelernt und kann davon zehren sein Leben lang. Noch klingt mir in den Ohren seine wunderbare, wohlklingende Tenorstimme, wenn z. B. am Fronleichnamstage sein leuchtender Tenor mit uns im Chorgesange das Pange lingua durch die Straßen klingen ließ. Etwas bleibt mir unvergeßlich: sein Pianissimo, das er uns lehrte im Gesang; „meine Herrn, nur ein Hauch", lispelte er, „nur ein Hauch, das ist pp!" – Doch auch

28

andererseits wieder, wenn es „Fortissimo" hieß in der Partitur, wie z. B. beim „Halleluja" im „Messias" von Händel, das er meist bei der Auferstehungsfeier in der Lorenzkirche ganz meisterhaft zur Aufführung brachte, war er wirklich auch wieder in seinem Element: war das ein Singen und Spielen und Dirigieren und Jubilieren, vom ganzen Jochum, und alles tat da mit: sein Kopf, sein Leib, seine Hand, sein Fuß, der gerade wie der krumme, sein Zwicker, seine Schnupfdose wie sein blaues Schnupftuch. Alles war mobilisiert für das große Halleluja von Händel. Wenn dann der große, strahlende D-dur-Schlußakkord von Chor und Orchester verklungen war und alles gut geklappt hatte, dann gabs sogar noch ein lobendes Lächeln und befriedigendes Beifallwinken mit seiner obligaten Schnupftabakdose; aber halt – jetzt noch rasch eine richtige Ladung Fichtennadler hinaufgeschoben in die Nase mit der rechten Hand, während die linke noch gemeinsam mit den Pedalen auf der Orgel weiterpräludiert, und noch eine Ladung leid'ts, bevor wieder das Pange lingua zur Prozession der Auferstehung fällig ist.

Jochum war auch ein Universalgenie: er sang alle Stimmen, Tenor und Baß, und spielte alle Instrumente, ob es Violine oder Viola, Cello oder Contrabaß, Klarinette oder Trompete oder das Klavier war. Sein volles musikalisches Können zeigte er insbesondere auch an der Orgel, der Königin der Instrumente. Wenn Eugen Jochum an der Orgel saß, gar z. B. wenn er am Schlusse des Gottesdienstes den amtierenden Priester „hinausspielte", war das ein Jubilieren der Orgel mit allen Pfeifen und Registern, ein Präludieren und Improvisieren und Musizieren, daß es eine helle Freude war. Das klang so fest- und feierlich, „mit lautem Jubelschalle", daß der Spaziergänger auf dem Reichelsberg es hören konnte wie der Gast der Wirtschaft in der hintersten Stube vom „Stift" und sich sagte: „Heut spielt der Jochum! Dös kennt man auf alle Weite!"

Und so manchem klingt sein Spielen und Musizieren heute noch im Ohr, wie ein fernes Echo, und sieht im Geiste noch jene Meisterhand, die beides in sich vereinigte: Musik und Schnupftabak.

Primizsegen im Hofbräuhaus

Nicht im großen Festsaal, auch nicht in den feingetäferten Trinkstübchen der „Besseren", nein, drunten war es, in der bekannten Hofbräuhaus-Schwemme, wo die Luggi und Kari, die Schorschi und Maxi, die Wiggerl und Pepperl tägliche Gäste waren, hier sollte ich an meinem Weihetage meinen ersten neupriesterlichen Segen geben; hier hatte ich nämlich jahrelang als Student vor meiner Seminarzeit meinen Freitisch erhalten und ihn meist in dieser bunten Gesellschaft eingenommen; daher kannten mich fast alle noch.

Senzl, unsere alte Kellnerin, die Chefin der Schwemme, eine richtige Bavariafigur, die mit ihren kräftigen Armen oft ein Dutzend volle Maßkrüge mit Leichtigkeit in die Höhe stemmen und genauso schneidig einem widerspenstigen Luggi eine richtige Watschn schmieren konnte, hatte mich nämlich schon lange vorher freundlichst eingeladen: „Wissens, mir bräuchten a an Segn, i und meine Leit erst recht." Also ich kam. Anständig und verhältnismäßig sauber saßen sie heute um ihre Tische herum und begrüßten mich freundlich; manche waren tief ergriffen und schüttelten mir lange die Hand.

Eben waren ein paar norddeutsche Gäste zu uns hereingekommen, als die Senzl sie hinausverwies: „Genges nur in Garten aussi und hockens Eahna auf die Fassl unter de Kastanienbäum; do habns Platz gnua!" Zu mir gewandt aber meinte sie herzhaft: „Wissens Herr Primiziant, dös san lauter Breißn, dia san olle lutherisch und wenns a katholisch san, no gebens Eahna a nixn."

Eine feierliche Stille war inzwischen eingekehrt. Und nun kommandiert die Senzl: „So, iez kniegelts Euch hin und der Herr gibt uns sein Segn." Zitternd erhob ich meine Hände: „per impositionem manuum mearum . . .", fast stockte mir die Stimme; tief gerührt schauten sie zu mir auf, manche hatten ein verborgenes Tränlein in ihren dunklen Augen, die Burgl von Giesing wischte sich die Tränen von ihren abgelebten Wangen. Der alte „Lenbach", ein verarmter Kunstmaler, schon seit vielen Jahren Stammgast der Schwemme, allbekannt wegen seiner Ähnlichkeit mit dem großen Maler Lenbach, saß stumm in seiner Ecke und zeichnete an meinem Bilde, jetzt hielt er inne; oft hatte ich ihn früher beobachtet, wie er so gewandt und fleißig zeichnete, dann wieder stehengebliebene Teller ausschleckte, unter die Bank geworfene Knochen sammelte und noch besser abfieselte, alle Bierrestlein zusammentrank, ein armer Kerl! Und nun kamen sie fast alle her zu mir und drückten mir nochmals herzlich die Hand, manche steckten mir noch ein Scherflein in die Tasche, ich wehrte ab. „Nehmens es doch", sagte die Senzl zu mir, und betens dafür für meine Leit, wissens, die brauchens notwendig, ja und für mich a, bin halt immer so a Kellnerin gwen und net vui bet, Sie wissens schon" und weinte. An der Türe übergab mir noch der Lenbach das gezeichnete Porträt. „Dös ist mein Gschenk, sonst kann i Ihnen nixn gebn, i hob heit no nix verdient; darum nehmens dös Bild und vergessens uns nöt." Mit einem herzlichen Tränlein im Aug' ging ich zum Hofbräuhaus hinaus und nicht zuletzt mit einem tiefen Eindruck von meinem Primizsegen im Hofbräuhaus.

Primizsegen auf Perserteppichen

Vom Hofbräuhaus führte mich der Weg hinunter nach Schwabing, wo ich so lange und so gerne gewohnt; ich sollte in eine vornehme Villa eines Akademieprofessors und Kunstmalers, dessen Sohn und Tochter ich seinerzeit Privatunterricht gegeben hatte. Sie hatten mich nämlich auch eingeladen, vor meinem Abschied von München als Primiziant noch zu ihnen zu kommen. Natürlich ein ganz anderes Milieu als in der schmutzigen Hofbräuhaus-Schwemme. Durch vornehme Palmenstöcke und glänzende Spiegelwände schritt ich in das Empfangszimmer über die kostbaren Perserteppiche. „Bitte wollen Sie sehr darauf achten, auf den Teppichen zu bleiben", meinte eine hochgeschürzte Kammerzofe, „denn unsere Böden sind gerade frisch geölt." Eine andere meinte: „Bitte wollen Sie nur leise sprechen, daß der Herr Professor nicht aufwacht, und dann die Türe wieder ganz leise schließen, daß er nichts hört." „Bitte wollen Sie sich etwas beeilen", stürmte eine andere herein, „es hat sich gerade Herr Geheimrat St. zum Besuche angemeldet." „Haben Sie keine Sorge", gab ich ihnen zur Antwort und spendete ihnen den erbetenen Segen; aber in mir und um mich herum war alles kalt.

Wohl ergriffen auch diese vornehmen Leute meine Hand, dankten mir und drückten mir ein Goldstück in die Hand; aber die Nickelstücke und Silbermarkl und die herzlichen Tränen derer vom Hofbräuhaus waren mir viel lieber und wertvoller als die Goldstücke und die geschminkten Gesichter derer aus der Villa mit den Perserteppichen.

Primizsegen im Allgäu

Eben hatte ich die vielen Häuser der weitverzweigten Pfarrei Mittelberg besucht und war am Abend noch in die Filiale Zollhaus gekommen. Alles hatte sich in der kleinen Kapelle versammelt, um von ihrem Landsmann den neupriesterlichen Segen zu empfangen. Schon stand ich feierlich am Altare, um meine Hände über die versammelte Gemeinde auszubreiten, als plötzlich der Mesner dazwischenschrie: „Hebet no, so a Bigottviech, a Katz, isch grad rei'gsprunga, dia muaß i no zerscht nausjaicha!" Gut, es gelang. Aber ein andermal nicht. Ich stand, auch in dieser Kapelle, als Neupriester am Altar, um das heilige Meßopfer zu feiern. Wieder war der kleine ungebetene Gast gekommen. Es war nach dem Sanktus, da zupfte mich der ministrierende Mesner am Meßgewand und sagte: „Du los, tue no a weng gschtät mitm Aufwandla, wart no a weng, bis i dös Sauvieh dussa ho!" Wohl wehrte ich ab: „Pst, pst, laßt sie!" Denn der aufgeregte Mesner mit seinem fuchtelnden Löschhorn machte mir mehr

Störung und Lärm als das harmlose Kätzchen. Endlich ließ er
von der Verfolgung ab, das Tierchen war nämlich auf das
Postament einer Heiligenfigur hinaufgeflüchtet, wo er es nicht
mehr erreichen konnte, und schaute mir artig und stille, ohne
sich zu rühren, am Altare zu, während ich die heiligen
Geheimnisse feierte, gerade als ob das Tierlein etwas verspürt
hätte von dem geheimnisvollen Hauch, der das Opfer eines
Neupriesters umgibt.

Primiz-Intermezzo: Das Primizbräutchen

Ein sinniger Brauch, aber vom Erhabenen zum Lächerlichen ist freilich oft bloß ein Schritt. Das hat sich auch hier bewahrheitet, zwar nicht auf meiner, aber auf einer anderen Primiz, wo ich als Primiz-Diakon zu fungieren hatte. Als solcher hatte ich auch, einem alten Brauch entsprechend, das Primizbräutchen zur Opferung an den Altar zu geleiten, was ohne weitere Hindernisse vonstatten ging; dagegen versagte meine Regiekunst beim Primizmahle, wo ich das Bräutchen seinen obligaten Vers sagen lassen sollte. Eben hatte ich das kleine, zierliche Ding auf den Stuhl hinaufgestellt und schon hatte der Ehrwürdige hohe Herr Dekan mit feierlichem Klopfen an sein Glas das Gebot der Ruhe im Saale gegeben, und aller Augen waren auf das Mädchen gerichtet – aber kein Wort und kein Vers! Die Kleine preßte den Mund zusammen und lugte scheu in den Saal hinaus; alles gütliche Zunicken und Zureden half nichts. Da auf einmal stand seine Mutter wutentbrannt vor uns da: „Wisset, die folget ui all mitanand it, dös isch a ganz bockische Föl! Jez lant no mi amol hinter se gau!" Und nun gings weiter, zum Kind gewandt: „Jez stand amol grad na, du Lausföl, du dreckete, tue de Grind na und mach a schüs Komplement, und jez machscht 's Maul auf und fangscht amol a: Hochwürdiger Herr Primiziant . . .!" Ein kräftiger Pantsch auf die Rückseite des Bräutchens verfehlte nicht seine Wirkung: Kompliment! Das Mädchen fing also an, aber weinend und schluchzend: „Hochwürdiger Herr Primiziant! Wie jubelt mein Herz, wie freut es sich sehr . . .", aber das Jubeln und Freuen im Kinderherzen dauerte nicht lange; denn schon schrie die Mutter wieder drohend dazwischen: „Lauter, lauter, du laggs Lueder, du nixigs!" – „Bitte, Frau, wollen Sie sich in ihren Ausdrücken etwas mäßigen", meinte wohlmeinend und feierlichernst der Hochw. Herr Dekan, um die gespannte Situation zu retten, doch wars vergeblich. „Dem bockigen Weibsbild mueß man o no anhelfe", erwiderte schlagartig die Frau, „der ghört der Grind recht verschlaga, no gohts!" – Gesagt, getan.

— Und da fängt das Mädchen laut zu weinen und zu schreien an, daß es also nichts mehr wird mit dem „Jubeln des Herzens" und dem „Freuen sich sehr", springt vom Stuhl herunter und sucht sein Heil in der Flucht, die Mutter wütend hinter ihm nach. Und da fängt alles im Saale an, hellauf zu lachen und zu klatschen, angefangen vom Hohen Herrn Dekan bis zum kleinen Ministranten in der Ecke. Und als sich die lauten, lachenden Wellen etwas gelegt, da hört man eine kräftige Männerstimme zu mir herüberrufen: „Weischt, Herrle, du hosch bigott namas dösmol it reacht gmachet. Du höttescht solla die Alt auf de Stuehl naufstölla und it die Jung, die hött a bessers Mundwerk ghött und o meh Schneid!" Schallendes, lang anhaltendes Gelächter wieder im ganzen Primizsaale, aber der Barometerstand der Würde und Feierlichkeit des Tages war um einige Grad gefallen. Es ist eben vom Erhabenen zum Lächerlichen oft bloß ein Schritt.

Primizausklang

Wie die meisten Primizfeiern des Jahrgangs 1912, war auch meine vollständig verregnet. Als man vormittags zur Kirche hinaufzog, goß es in Strömen, ebenso nachher, als die sonst erhebend und herzlich verlaufene Primizfeier beendet war. Deshalb mußte auch jeder Festakt im Freien unterbleiben und dafür brauchten auch keine armen Primizbräutchen mit bandwurmlangen Versen und Gedichten gequält werden. Als man nachmittags von der Vesper kam, hat es richtig geschneit, und dies mitten im Hochsommer — am 11. August! Wir waren eben in einem Allgäuer Gebirgsdorfe (Mittelberg), nahezu 1100 m hoch gelegen. Draußen war es daher ungastlich und kalt, dafür umso wärmer und herzlicher im Gasthaussaal, wo die weltliche Feier sich abspielte und wo von seiner ganzen Pfarrgemeinde, den Einheimischen sowie allen Kurgästen, alles aufgeboten wurde zur Feier des Tages, sie schön und abwechslungsreich zu gestalten. Und ich vermöchte es heute nicht mehr zu beschreiben, was ich damals, an jenem Nachmittage, alles angeredet und angesprochen, angedichtet und ankomponiert, angesungen und anmusiziert worden bin. Und bis ich alles und alle in meiner Dankesansprache erwähnt hatte . . .! Der Blasbalgzieher der Kirche soll tödlich beleidigt gewesen sein, weil er in meiner Dankesrede nicht namentlich genannt worden war. Beinahe hätte ich vergessen, wem ich eigentlich den Hauptdank schuldig war: nach meinem Herrgott, der mich berufen, meinen lieben Eltern, die mir zum Studium verhalfen. Es war sicher nicht bloß ein Zufall, daß gerade noch vor Abend -- er hatte noch eine kleine Aufheiterung am Himmel gebracht – die letzten Sonnenstrahlen auf unseren Primiztisch gefallen waren. Und ihr verglimmender, rosiger Schein fiel auf meines Vaters arbeitsschwielige Hände, die sich so viel abgemüht und abgeplagt, nicht zuletzt für mich, und auf die ehrwürdigen Arbeitshände meiner Mutter – sie war Näherin. Ich erinnerte mich an einen Sinnspruch:

Mütterchen mein, hast viel genäht
und das Rad der Maschine gedreht,
hattest oft gar viel zu tun
und kein Stündchen Zeit zum Ruh'n.

Nicktest müd am Tische ein
bei der Lampe mattem Schein.
Wieder surrte dann das Rad,
hast geklopft die starre Naht.

Mütterchen, hast viel getan,
jede Sorge ging Dich an.
Hast Dich jahrelang gemüht,
drum das Glück Dir heut' erblüht.

S' Alter mählich kam daher,
und das Rad ging um nicht mehr.
Faden war zu End genäht
und das Mütterchen nun heimwärts geht.

Meine erste Predigt

Ja, lang, lang ist's her, daß ich sie schnaufend und schwitzend gehalten habe, droben im Oberland, in meiner Allgäuer Heimat, in Mittelberg; und heute noch geistert sie lebhaft in meiner Erinnerung, gar, wenn immer der Karfreitag kommt. Eigentlich hätte ich sie in Kempten halten sollen, in der großen Stadtpfarrkirche von St. Lorenz, meiner Heimatstadt, aber mein Alterskollege und Landsmann Felber war mir „zum Geschäftskonkurrenten" geworden: Er hatte mir den Rang abgelaufen, war vor mir beim Stadtpfarrer gewesen und hatte die hohe, nicht geringe Aufgabe erhalten, am Karfreitag dort die Predigt zu halten. Ich zog mich also zurück in meine bescheidene Dorfkirche von Mittelberg, meinem Geburtsort, und gab mich damit zufrieden. Aber das hatte auch etwas Gutes: Meine nicht wenigen Allgäuer Vettern und Basen bekamen jetzt eine willkommene Gelegenheit, einmal in ihrer Mitte ihren neugebackenen geistlichen Herrn Vetter Alfons im hl. Amte zu sehen und zu hören. Als Predigtthema wurde mir vom Seminardirektor des Georgianums in München das Thema zur Ausarbeitung gestellt: „Die Menschheit vor dem Kreuze Christi, damals und heute."
Unermüdlich fleißig hatte ich daran gearbeitet und studiert, erst recht, wenn es ans Auswendiglernen ging - - es hat nicht lange gedauert: da hätte ich die Predigt rückwärts so gut aufsagen können wie vorwärts. Ja, „aufsagen" muß ich sagen, nachdem einmal mein früherer Prinzipal, der Stadtpfarrer Landes von Kaufbeuren, ernstlich zu mir gesagt hat: „Merken Sie sich, predigen tut der Pfarrer, der Kaplan aber bloß aufsagen."
Also die Predigt war mein Gedanke bei Tag und bei Nacht, alle Spazierwege und Ruheplätzchen in der Nähe der Stadt haben sie bereits so und so oft gehört, wie die stillen Wände meines armseligen Studierstübchens an der Sutt.
Endlich war der hl. Karfreitag genaht, es dämmerte der Morgen, da war ich schon auf den Beinen und „die Menschheit stand schon startbereit vor dem Kreuze Christi", als ich meine

Predigt noch im Bett summte und murmelte, dann aber laut auf
dem Speicher des Hauses deklamierte.
Inzwischen kamen schon die ersten Kirchenbesucher von allen
Tälern und Buckeln den Kirchberg heran. Einige hatten mich
am Fenster bemerkt. Sie fragten: „Mei Alfons, hast heut kei
Angst?" Und ich zitterte schon an Händen und Füßen, wenn
ich bloß die vielen Leute sehe und dran denke, jetzt weiß i
nimmer weiter. — Ja, und so ging es mir auch, ich zitterte nicht
wenig, den Berg zur Kirche hinauf und erst recht die steile
Stiege zur Kanzel empor. Gut, daß die in Karfreitagsdunkel
gehüllte Kirche die neugierigen Blicke der Leute, die natürlich
alle auf den Prediger gerichtet waren, etwas abdämpfte und
verschleierte. Eben war das Eingangslied des Kirchenchores
verklungen, und - es ist ganz mäuschenstill in der Kirche und
alles schaut zu mir zur Kanzel empor. Ich hatte kaum mehr die
Kraft, das Taschentuch hervorzuziehen, um den Angstschweiß
abzutrocknen, und nun muß ich beginnen. Mir stockt fast der
Atem, aber es geht immer besser. Die angespannteste Aufmerksamkeit meiner Zuhörer hebt mich empor, immer mehr,
und das aus der Niederung der kleinmütigen Verzagtheit bis
zur Höhe innerlich erlebter Begeisterung — es geht — bis zum
erlösenden „Amen". Jetzt war der große Stein vom Herz
gefallen.
Schweißtriefend komme ich von der Kanzel herunter in die
Sakristei. Als erster beglückwünscht mich der Mesner: „So
Alfons, guat isch ganga, Bua, dia Leit hand gloset", und die
sechs Ministranten hüpfen in der Sakristei umher, weil sie jetzt
vom Mesner einen Zehner bekommen für einen Osterhasen,
den man ihnen versprochen hat, wenn das Herrle nicht stecken
bleibt. Nach dem Gottesdienst warten jetzt alle vor der Sakristei, die Vettern und Basen aller Alter, Preislagen und Qualitäten, um den Herrn Vetter zu beglückwünschen, manche mit
einem Tränlein im Aug — andere frohgestimmt. Die Jüngeren
vom Jodler- und Schuhplattlerklub meinten: „Bua, wenn heit it
Karfreitag wär, do tätet mir jetzt jusge und jucka und bätscha,
weil eiser Alfons sei erschta Predigt so guat überstanda hot."

Viel Lärm um Nichts

Eine Kriegserinnerung zum 4. August 1914

Ein schwüler Morgen! Nach unruhigen Tagen und Nächten
erreicht heute die Spannung ihren Höhepunkt; von überall
kommt die Botschaft: feindliche Automobile würden durch
den Ort kommen. Alles in heller Aufregung. Alle Hände
rühren sich, alles auf den Füßen! – Ich war damals noch
Kaplan im benachbarten Erkheim und hätte mir nicht träumen
lassen, an jenem Tage vom Bezirksamt Memmingen als „Orts-
kommandant von Erkheim" ernannt zu werden; die beiden
Bürgermeister waren nämlich gerade bei der Pferdeaushebung
in Ottobeuren, die Gendarmerieposten alle im Außendienst,
und so kamen die Leute zum Pfarrhof und schrien zu
meinem Fenster herauf: „Herr Kaplan, kommet gschwind ra,
der lang Otto von Memmingen, wisset der Bezirksamtmann,
hat telefoniert, dir sollet in Erkheim die Sach in d' Hand
nehma, daß ma dia viele Spion und dia Auto verwischt!"
Gut, begeistert und bereit, noch heute für das Vaterland zu
leben und zu sterben, eile ich durch die Straßen des Marktes
und siehe, bald ist alles mobilisiert. Viele sind schon daran, die
Straßen zu verbarrikadieren und Heuwagen quer über den
Weg zu stellen, ich selbst rolle die leeren Kalkfässer vom
Postneubau und die Wiesbäume vom Kronenstadel auf die
Staatsstraße zu. Schon erscheinen kampfesmutige Männer mit
alten Flinten und verrosteten Pistolen, Weiberleute mit Sensen
und Gabeln und Krautmesser, Kinder mit Stecken und Latten
sausen hin und her. Dazwischen laufen die Gerüchte von
Brunnenvergiftungen, Spionen-Erschießungen, Anschläge auf
Bahngeleise, Brückensprengungen, Brand von Paris und weiß
Gott was alles noch. Endlich kommen unsere Gendarmeriebeamten M. und B.; der eine übernimmt das Kommando „Erk-
heim-West" (Straße nach Memmingen), der andere „Erkheim-
Ost" (Straße nach Mindelheim); ich selbst stehe mit gravitäti-
scher Amtsmiene am westlichen Schlagbaum, Todesbereitschaft im Herzen, wie meine kampfbereiten Untergebenen;
mein Adjutant ist der junge Hilfslehrer Sch.
Bald hört man von ferne ein Auto kommen. Manche von uns

fangen schon an, an allen Gliedern zu beben und zu zittern und schleichen sich langsam seitlich in die Büsche. „Jessas Herr Kaplan", ruft die alte Bäbe, Seegrasl genannt, „gand doch au hinters Haus nomm, vor ma Euch verschießt!" „Wisset", meint der alte Privatier H. an meiner Seite, „dös tun mir fei it, des isch a Schand; aber gellet, wenn i verschossa bi, do tunt Ihr mir a scheana Leichared halte ond mei Weib trösta." Schon ist das Auto in unserer Nähe; alles anschlagbereit, neben mir der alte Gemeindediener A.; schimpfend und fluchend rüttelt und rasselt er an seinem alten, verrosteten Revolver herum; „wisset der Hurakerl goht meh it." Schon steht das Auto am Schlagbaum, mit erhobener Hand gebiete ich „Halt", aber ich bringe kein Wort heraus vor Aufregung, trotz meiner Todesbereitschaft im Herzen. Allein die Situation scheint nicht so fürchterlich, nur eine ältere Frau sitzt allein in diesem Auto. Wir schnaufen alle wieder auf. „Wer da?" ruft im strengen Kommando der Gendarm M. „Ja seid doch so gut und laßt mich durch, ich bin eine Frau Dr. W. aus Hergensweiler bei Lindau und möchte jetzt noch zu meinem Sohn nach München fahren." „Glaubt doch den Schwindel it", schreit der Maler B. dazwischen, „dös ischt a Spion, dös isch gar koi Weibsbild, 's Häs ra! 's Häs ra!" (= Kleid herunter) brüllt er gebieterisch. Die Frau wird bleich vor Schrecken. „Halt" rufe ich, „das macht man hier nicht." „Ich weiß", kommt der Küfer A. dazwischen, „i weiß, i brings raus; wenn dia sait, sie sei von der Lindauer Gegend, nauche soll se mir alle Wirtschafte aufzähla vo Lindau, denn dia weiß i allsant!" Er hatte nämlich seinerzeit bei den 20ern in Lindau droben gedient und seine Wirtschaften gut kennengelernt. Alles ist damit einverstanden. Ängstlich und zaghaft fängt die Frau Dr. an: „Der Bayerische Hof, die Helvetia, die Sonne, das Lamm, die Krone, das Stift, das Reutemann." „Gut." Der gestrenge Posten ist zufrieden. „Gut, Du waischt alles, du kascht meh fahra" – – –
Kaum war die schwergeprüfte Doktorsfrau abgefahren, kommt die Hiobsbotschaft von der anderen Seite des Marktes her, am Kohlberg sehe man schon große Staubwolken, da müsse ein Motorradler herüberkommen, ganz sicher so ein

Spion, und alles springt auf die andere Seite des Marktes hinüber. Und wirklich, der vermeintliche Spion ist schon da, und die aufgeregte Menge brüllt ihm entgegen: „Halt, du bleibst jetzt dau!" „Laßt mich doch weiterfahren, i bin ja der Benefiziat E. von Kammlach!" „Hebet'n", schreien alle, „dös könnt a jeder sage", und ein anderer: „Los du, auf am Motorrad (das damals noch selten war) hocket koi Herr it, naschla!" (= hinunterhauen). - Gut, daß ich gerade zur rechten Zeit dazukomme und sofort meinen Amtsbruder jenseits des Kohlberges erkenne. Lächelnd schütteln wir uns die Hände und unter allgemeinem Gelächter kann der Herr Benefiziat nunmehr ungestört seine Reise nach Memmingen fortsetzen. – Nun kommt nochmals eine große Aufregung. „Ein riesengroßes Auto", schreien welche, „sieht man schon wieder am Kohlberg herunterkommen." „Gfehlt isch", schreit einer und kommandiert: „Aber jetzt gilts, bleibet stau und tuent Gwehr herrichta, d' Mannsbilder vorna na, d' Weibsbilder hinta na!" Nach angstvollen Sekunden ist das furchtbare Auto schon da – es ist aber bloß ein Lastauto der Hasenbrauerei Augsburg und will sein Bier nach Memmingen bringen, muß aber unbedingt an der Straßensperre stehenbleiben. Aufgeregt fluchend und schimpfend schreit ein Chauffeur aus dem Wagen heraus: „Ihr dumme Hund, lant eis doch weiterfahra, 's wird ja sonst unser ganz Bier no sauer bei der Hitz, do kommt doch koi Mensch it und tuet euch etwas." – „Ja, 's konnt scho wahr sei", meinen jetzt die meisten, und so gebe ich den Befehl zum allgemeinen Rückzug und zur Räumung des Kriegsgebietes, und das letzte Kommando: „I moi, mir gant meh' hoi!" Gesagt, getan.

„Die Moorsoldaten"

Es war vor dem 2. Weltkrieg, also während der Hitlerzeit, da fuhren wir in einem vollbesetzten Pilgeromnibus von Einsiedeln heim, wieder den „Dütschen" zu, ein Herr Dekan L. aus der Nachbarschaft und meine Wenigkeit. In Luzern hatten wir noch in einer Buchhandlung ein hochinteressantes Buch angeboten erhalten: „Die Moorsoldaten" von Langhoff, die ersten Veröffentlichungen über das KZ-Lager Dachau. „Aber lants

Ihne ja it verwische", meinte wohlmeinend der Schweizer Buchhändler, „sonst gehts auch Euch Herre an de Krage!" Was tun? Trotz allem – wir kauften es, aber wo und wie das gefährliche Buch verstecken: im Auto, unter ihm, ober ihm, hinter ihm – geht nicht, dann sind wir alle verhaftet und verspielt, wenn die Argusaugen der SS-Grenzpolizei das Auto durchsuchen. „Das Buch wird geteilt und ein jeder von uns beiden versteckt eine Hälfte unter seinem Hemd"; „geht auch nicht, wenn wir auf der Rückreise wieder bis aufs Hemd – manche bis auf die Haut – durchsucht werden wie auf der Hinreise, dann gehts wirklich Dachau zu." – Also blieb nichts anderes übrig, als das Buch sofort auf der Rückfahrt zu lesen; jeder von uns hätte es am liebsten verschlungen, nicht bloß gelesen. Und so setzten wir uns im Auto nahe zusammen und lasen's miteinander gleichzeitig, der eine das Buch in der rechten, der andere in der linken Hand; und wir lasen's so innig und so andächtig, daß wir kein Luzern und keinen Zug und kein Zürich mehr sahen. Auf einmal hieß es: „Alles aussteigen! Schaffhausen, jetzt wird der Rheinfall besichtigt und dann bitte die Herrschaften ihre Sachen in Ordnung bringen; denn bei der nächsten Haltstation in Kreuzlingen-Konstanz ist wieder genaue Zoll- und Gepäck-Revision!" – Was nun tun? Der schöne Rheinfall lockte uns nicht mehr, wir sahen bereits das höllische Augenfeuer der SS im Geiste leuchten, wir fühlten bereits die Pein und Leiden der Moorsoldaten am eigenen Leibe. „Dieses damische Buch bringt uns beide noch ins KZ; wenns nur beim Teufel wär'!" Was tun? Mitnehmen? Niemals! In den Rheinfall schmeißen? Auch nicht! Schade drum. „Nur nicht lange umeinandergetan! Sonst sind wir hier schon verraten und verkauft." Ich hatte nämlich nicht lange vorher in Zürich das nicht weniger interessante Buch „Das braune Netz" gesehen, wie die braune Spinne auch über die deutschen Grenzpfähle hinaus ihre Fangarme streckt und ihre Opfer holt. – In unserer höchsten Not entdecken wir eine nahe Kapelle, und zugleich kommt uns auch noch der erlösende Gedanke: „Jetzt gehen wir da hinein und legen dort das Buch auf den Altar, damit es doch weiterleben darf wie das Mosesbüblein im Binsenkörblein; vielleicht bekommen dann die armen Moorsoldaten manches stille Gedenken im Gebete!" Gesagt, getan! — Erleichterten Herzens, die Zentnerlast von unserem Gewissen los zu haben, stiegen wir wieder in unser Auto, und wir schnauften wirklich leichter, als bei Kreuzlingen die Schlagbäume vor uns niedergingen und bei Konstanz wieder in die Höhe und wir ungerupft und ungezupft wieder über die Grenze fahren durften, heimwärts zu — wenns auch wieder zurückging in das Land der braunen Spinne und der armen „Moorsoldaten".

Die Verstorbene geht am Bahnsteig spazieren

Kommt eine junge Frau ins Pfarrhaus und meldet mit Tränen in den Augen, ihre Schwiegermutter sei in den rüstigsten Jahren bei einem Besuche im Württembergischen gestorben, und man solle nun ihre Scheidung läuten und den Seelenrosenkranz beten lassen. Eben habe ein Telegramm diese Todesnachricht gebracht: „Mutter gestorben", und so seien Vater und Sohn zur Beerdigung gefahren. Als die beiden in Stuttgart mit einem großen Kranz in den Händen und mit tiefer Trauer im Herzen den Zug verlassen, sahen sie zu ihrer größten Überraschung am Bahnsteig eine Frau auf- und abspazieren: Die „tote" Mutter! — Sie konnten es nicht glauben, doch wahrhaftig: die Mutter wars. Welche Spannung und dann welche Freude! — Aber der Kranz, am liebsten hätten sie ihn weggeschmissen. Ja, wie war das so gekommen? Alsbald löste sich der letzte Zweifel und zuletzt alles in Wohlgefallen auf. Diese vermeintlich gestorbene Frau wollte nämlich eine schwerkrank darniederliegende Verwandte im Württembergischen besuchen, die dann auch wirklich verstarb. Deren Angehörige telegrafierten nun nach Oberkammlach: „Mutter gestorben." Und nun meinte die in Oberkammlach ansässige Familie, ihre Mutter sei gestorben, und daher der verhängnisvolle und doch zuletzt in freudigem Ausklang endende Irrtum. Und so konnten also zuletzt Vater und Sohn mit der „toten" Mutter und dem Leichenkranze wieder wohlgemut und gesund nach Hause fahren. So geschehen in Oberkammlach.

Aus dem Reich von Musik und Theater

Kleine Reiseerlebnisse

Zürich ist doch eine wunderbare, wohlgepflegte Stadt, fast ein
Märchenland damals für uns arme „Dütsche"; besonders wenn
man die herrliche Seestraße und dann die elegante Richard-
Wagner-Straße dahinwandert. Es war ein schwüler, herbstli-
cher Abend. Umso größer war der Genuß, im nahen und
großen Park der Villa Wesendonck, wo in den 50er Jahren des
vorigen Jahrhunderts Richard Wagner so gerne gewohnt, küh-
lende Rast zu finden unter dem Schatten der riesighohen
Bäume, die alle noch stehen aus dieser Zeit, wie so manches
steinerne Bänkchen, wo der Meister manche Szene aus „Rheingold", „Walküre" oder „Tristan" in sein Büchlein skizzierte.
Diesmal versuchte ich es abermals, wenigstens heranzukom-
men an die Villa Wesendonck, „unnahbar euren Schritten",
wie meine Züricher Freunde mir wiederholt versichert und ich
es selbst schon öfters früher erfahren hatte. Seit dem Wegzug
der Wesendoncks nach Berlin, war die Villa immer in Privatbesitz und für die Öffentlichkeit unzugänglich. Schon stand ich
also vor diesem interessanten, heute noch vornehmen Hause
und bewunderte die griechischen Säulen und antiken Figuren
des Treppenhauses, als plötzlich eine kreischende Stimme zu
mir heraustönte: „Machen Sie, daß Sie weiterkommen; Sie
haben hier nichts zu suchen!" Und bald wurde eine weißhaa-
rige alte Dame sichtbar, die mit einem drohenden Kehrwisch in
der Hand mich verscheuchte. Nichts zu machen! - Nun ging
ich um die Ecke, um die wirklich interessante Villa von der
anderen Seite zu besichtigen, und auch das fast angebaute
kleine Häuschen, wo Wagner meistens gewohnt, als wieder ein
anderer weiblicher Zerberus auf mich losstürzte: „Ja, machen
Sie nicht, daß Sie jetzt endlich einmal weiterkommen!" Trost-
los, aussichtslos - wirklich: „unnahbar euren Schritten" - als
zwei große Katzen, die auf den Marmorstufen friedlich saßen,
auf einmal eine Wendung brachten. Diese beiden wohlgenähr-
ten Kater schienen zutraulicher zu sein als die Menschen, die
hier wohnten; wenigstens durfte ich mich ihnen nähern und

ihre wohlwollenden Huldigungen entgegennehmen. Auf einmal hörte ich aus dem finsteren Treppenhause folgendes Zwiegespräch der beiden unnahbaren Weiber: „Du schau, der Mann da draußen scheint mir nicht so ohne zu sein, wie nett der zu meinem Kater ist, meinst nicht, wir sollten ihn doch hereinlassen?" „Ja", meinte mißtrauisch die andere, „aber so schnell noch nicht, wir müssen ihn vorher schon richtig ins Examen nehmen, wer er eigentlich ist und was er will." Als ich nun — noch in weiter Ferne stehend — versicherte, ich sei ein bayerischer Pfarrer, hätte daheim in meinem Pfarrhaus auch mehrere Katzen, die meine Lieblinge seien, durfte ich schon etwas näherkommen; als ich dann noch gar erzählen konnte, daß ich schon Jahre lang mit Familie Wagner von Bayreuth bekannt und befreundet sei, durfte ich mich wieder einige Schritte weitervorwagen; sie schienen übrigens in der Familiengeschichte Wagners wohl orientiert zu sein, und als ich dann noch die übrigen Fragen der Prüfung anstandslos lösen konnte und nebenzu immer noch ihre Katzen streichelte, war das Examen bestanden und alle Tore und Türen öffneten sich: „So, jetzt dürfen Sie herein; wissen Sie, da käme jeder Depp daher und möchte die Villa Wesendonck sehen!" Und jetzt fingen die beiden Damen an, sogar sehr gesprächig und freundlich und lieb zu werden, erzählten mir, daß sie auch schon in München und Bayreuth gewesen und dort Wagner-Festspiele gesehen hätten, erklärten mir dann, daß diese Villa in ihrem äußeren Aussehen wie in ihrer inneren Ausgestaltung noch ganz unverändert sei, wie sie damals Wesendoncks bewohnten, daß sie jetzt in den Besitz der Stadt Zürich übergegangen sei, die da ein Wagner-Museum daraus gestalten wolle, ähnlich wie Luzern aus Tribschen, und daß sie jetzt — außer einer Flüchtlingsfamilie — die Villa bewohnten und verwalteten. Mit der größten Bereitwilligkeit führten sie mich jetzt im ganzen Hause herum, sogar auch in den sogenannten Kaisersaal, wo Wagner vor größerem Freundeskreise, auch vor Kaiser Wilhelm, des öfteren Konzerte veranstaltete oder Proben seiner Werke vorlas oder seiner hohen Gönnerin, der ebenso geistreichen wie fränklireichen Frau Mathilde Wesendonck seine ihr gewidmeten Lieder vorspielte; auch auf den Balkon mit seiner wunderbaren Aussicht auf den Züricher See führten sie mich, wo damals Wagner an jenem Karfreitag 1857 die ersten Anregungen für seinen Karfreitagszauber empfing. „Damit Sie alles sehen, gehen wir noch auf das Dach hinauf, wo wir eine herrliche Aussicht auf die ganze Stadt Zürich haben werden, bis hinauf zu den Bergen." Und wirklich, obwohl ihnen das viele Treppengehen schwer fiel, keuchten sie mit mir die letzte Stiege zum Dache empor, wo sich wirklich ein unvergeßlicher Ausblick bot. „So, Herr Pfarrer", meinten sie jetzt treuherzig, „wenn es Ihnen bei uns gefällt, können Sie sogar bei uns bleiben; wir richten Ihnen das schönste Zimmer her, daß Sie gut schlafen können und dann träumen von den ‚Träumen' des Herrn Wagner und der Frau Wesendonck!" Und als ich dankend abwehrte, führten mich die beiden freundschaftlichst wieder die Treppen hinunter zur Eingangstüre, wo sie mich zuerst mit dem drohenden Besen empfangen hatten. Unten an der Marmortreppe umschmeichelten meine Beine noch die beiden Kater, denen ich es eigentlich zu verdanken hatte, daß ich — was mir nachher in Zürich niemand glauben wollte — in der Villa Wesendonck Besuch gemacht hatte.

Besuch in Tribschen

Am Vierwaldstättersee, unweit von Luzern, ist ein wunderbares Flecklein Erde. Darauf ein einfaches, schlichtes Landhaus inmitten eines prächtigen, vom See umspülten Parkes, fast ein Inselchen, Tribschen genannt, das heute als eines der schönsten Ausflugsziele von Luzern aus gilt und darum von Gästen aus der ganzen Welt, hauptsächlich aus Künstlerkreisen, besucht wird. Ob man mit dem Motorboot vom Kai aus dorthin fährt oder zu Fuß die herrliche Straße am See entlang dahin wandert: ein unvergeßlicher Eindruck, wenn man dieser landschaftlichen

48

Idylle näher kommt, dazu die Umrahmung der grünen, blauen und weißen Schweizer Berge. Dieses kleine Paradies hatte einst König Ludwig II. von Bayern für seinen Günstling, den großen Tonmeister Richard Wagner ausgesucht, der hier die menschlich glücklichste und künstlerisch fruchtbarste Zeit seines Lebens verbrachte. Eine Marmortafel am Hause besagt, daß hier Richard Wagner von 1866 bis 1872 gewohnt und seine Meisterwerke: „Siegfried", „Götterdämmerung" und „Meistersinger" vollendet habe. Ich glaube es gerne, daß er bei seinem Einzuge an jenem sonnigen Frühlingstage 1866 gejubelt hat: „Herrlich, da bringt mich niemand mehr hinaus", und als er dann im April 1872 doch nach Bayreuth übersiedeln mußte, daß dann alle beim Auszuge, wie der dabei mithelfende Professor Nietzsche erzählt, in helle Tränen ausgebrochen seien, die Dienerschaft habe laut geschluchzt und der Hund nichts mehr gefressen und sich im Gehäuse versteckt. Das Haus mit Park blieb dann bis zum Jahre 1933 in Privatbesitz, stand oft leer, bis es dann endgültig in den Besitz der Stadt Luzern überging, die jetzt dort ein Richard-Wagner-Museum eingerichtet hat.

Über die blumige Wiese, wo einst die Kinder des Hauses gespielt, die drei Bülow-Mädchen aus erster Ehe und die zwei Wagner-Kinder aus zweiter Ehe, Eva und Siegfried, während der Meister drinnen mit Frau Cosima oder seinem jungen Assistenten Hans Richter in seine Partituren vertieft war, trat ich in das von alten hohen Pappeln umgebene Haus ein. Während ich bei meinem Besuche in der Villa Wesendonck in Zürich mit unbekannten Größen und Leuten zu rechnen hatte, war ich hier bereits als alter Stammgast des Hauses bestens bekannt und eingeführt. Herr und Frau Beerli, die schon seit vielen Jahren im Auftrage der Stadt das Museum bewohnen und verwalten, sind wirklich treue Gralshüter hier. Während Herr Beerli mit fleißiger Hand den ganzen, großen Park betreut, führt Frau Ellen, im Leben der Kunst und Künstler wohl bewandert, die Besucher durch das Haus, in fließender Sprache, deutsch wie englisch, französisch wie italienisch, auch preußisch wie münchnerisch, den Gästen erzählend, wo Richard Wagner gewohnt und gearbeitet, wo Frau Cosima als Hausfrau gewaltet und gewirkt, wo Siegfried und Eva geboren u. a.; zugleich auch die Kostbarkeiten des Hauses zeigend, wie den berühmten Erard-Flügel, der den Meister überallhin begleitete – nach Paris, Wien, München, Bayreuth und Venedig –, dann das charakteristische Samtkäppchen und die Jacke Wagners, seine Totenmaske, endlich noch fein und sauber geschriebene Briefe und Partituren des Meisters, wie besonders das köstliche „Siegfried-Idyll". Ja, es muß ein unvergeßlicher Eindruck gewesen sein, als an jenem Weihnachtstage 1870 zwölf Züricher Musiker, auf die Stiegen des Treppenhauses verteilt, unter der Leitung Wagners jenes einzigartige „Siegfried-Idyll" das erste Mal spielten, um der jungen Wöchnerin, Frau Cosima, die den neugeborenen Siegfried im Arme hielt, eine überraschende Freude zu bereiten. Wirklich ein Idyll ist dieses Tribschen gerade im Winter. Als wir einmal an einem schneeigen Januartag dort beisammen saßen, dachten wir unwillkürlich an das — auch hier geborene — Lied aus den „Meistersingern": „Am stillen Herd — zur Winterszeit, wann Haus und Hof mir eingeschneit."

Herrlich auch im Frühjahr und Sommer, gar wenn man durch den grünenden Park an den See hinunterspaziert zu den einsamen lieben Plätzchen, wo der Meister das Waldweben des „Siegfried" oder die Rheinszenen der „Götterdämmerung" oder den Zauber der Johannisnacht seiner „Meistersinger" direkt aus dem Leben der Natur abgelauscht und dann in das Reich der Töne in seinen unvergänglichen Werken übertragen hat. — Interessant auch das „Goldene Buch" und die Alben des Hauses mit allerlei handschriftlichen Eintragungen, Briefen und Photos von den berühmtesten Persönlichkeiten der Gegenwart, hauptsächlich aus Kreisen der Komponisten, Dirigenten, Musiker und Sänger von gestern und heute, wie Richard Strauß, Toscanini, Br. Walter u. a. — Bis in die letzten Kriegsjahre hinein hatten auch Angehörige des Hauses Wagner von Bayreuth hier gewohnt, die von der Stadt Luzern in liebenswürdiger Weise das Wohnungsrecht zugebilligt erhielten, wie Frau Winifred Wagner, Frau Chamberlain, Frau Daniela Thode und Friedelinde Wagner, „die Emigrantin von Bayreuth". — Nachdem wir so ziemlich einen ganzen Abend in der oberen Stube des Hauses, dem früheren Kinderzimmer, in gemütlichem Beisammensein diese Bücher und Bilder beschaut und von „Herüben" und „Drüben" geplaudert, wurde ich nun in das Gastzimmer geführt, jenes berühmte Gemach, wo einst auch der bekannte Philosoph Nietzsche gewohnt; und damit sein böser Geist mich nachts nicht quälen konnte, empfahl ich mich dem Schutze des hl. Bruder Klaus, der unweit von hier, jenseits des Pilatus, in seiner heimatlichen Kirche friedlich ruht.

Der kleine Mann mit dem Samtkäppchen

Richard Wagner, der Bayreuther Meister, ist mir persönlich freilich nicht mehr bekannt, aber schon von meiner Jugendzeit her in lebhafter Erinnerung von den Berichten meiner Vettern, die unter ihm als Musiker gespielt und nicht genug erzählen konnten von dem kleinen Mann am Dirigentenpulte, mit dem Samtkäppchen auf dem dichtbehaarten Kopfe, immer liebevoll und gütig zu seiner Musikerschar wie zu seiner Umgebung. Ebenso hörte ich viel Interessantes von einem anderen Vetter aus der Füssener Gegend, der mit Wagner manches Mal zusammenkam und ihn, wie seinen Begleiter, den König Ludwig II., einmal aus gefährlicher Situation erretten konnte. Die beiden Herren hatten sich am Falkenstein verstiegen und in den unwegsamen Bergwäldern am Salober verirrt und fanden den Heimweg nach Hohenschwangau nicht mehr. Da hatte sie dieser wieder auf den richtigen Weg geführt, nachdem er sie in seiner Hütte mit einem kleinen Imbiß und Trank noch gestärkt hatte. Für diesen Liebesdienst bekam er vom König einen Goldfuchsen und von Wagner eine Visitenkarte mit einer Einladung nach Bayreuth. Später reiste nun wirklich der Allgäuer in die Wagner-Stadt Bayreuth und durfte dort im großen Festspielhaus einer der ersten Aufführungen des „Parsifal" beiwohnen. Nicht uninteressant ist es, was davon der biedere Allgäuer nach Hause berichtet hat: „Weischt, scho die Leit sind do interessant gwea in ihrem noblen Häs und erst die schena Gäul und Wäga wo dia agfahra komme send, und im Theater dinn, dea Haufa Leit und lauter Bessere, und wia dös do din guat gschmöckt hot, schon adersch, wia bei eis dohoi, aber dia Hitz und koi Bier! Wias no aganga isch, hantse a verreckta Gaus (= Schwan) reizoge und lang nochat anand agsunga, aber scho sauber. Nochat send a Haufa so halbnackte Weibsbilder umanandtanzet (= Klingsors Zaubermädchen im II. Akt). D'Museg derzua isch ja it orecht gwea, aber i bi it reacht derhinterkomma, ob dös hätt solla a Walzer sei oder a Schottisch, und gsunga hant se o it orecht, bald a bisle besser wia bei eis aufm Kirchechor; aber em dritta Akt sendse schon a Ewigkeit füranand nagstanda, bis se an kleine weiße Vogel (= die Gralstaube) an am Schnürle ralau hant, no isch gar gwea. Nocham Theater hon en i sell no droffa, de Wagner und sui, a ganz lange magere (= Frau Cosima Wagner), aber die sell hot it viel gsait, aber er isch nett gwea ond hot mir no a Brotzeit zahlt und gsait: ,Gell, grüscht mir no de König, wenn er meah in d'Schlösser kommt.' Ond no hon i bloß so luega müsse, was der alls kriegt hot, die viele Kränz ond Bugette; aber i mueß no amol saga: mir hot der doch am beschta gfalla, der klei Ma mit seim Samtkäppla."

Bei Wahnfrieds Kindern in der „Walküre"

Es war ein heißer Julitag, vielleicht der 14. des Jahres 1925; auf
dem Programm stand: Heute „Walküre". „Herr Pfarrer", sagte
Siegfried Wagner zu mir, „heute hätte ich eine große Bitte an
Sie; wissen Sie, meine Kinder lassen mir keine Ruhe und
wollen heute Nachmittag unbedingt ins Theater. Aber, aber,
ich fürchte . . . und da müssen Sie unserem Kinderfräulein in
unserer Loge die pädagogische Assistenz machen." Hocher-
freut über diesen ehrenvollen Auftrag stieg ich denn pflichtbe-
wußt zum Festspielhügel hinan, aber das Herzklopfen wurde
immer größer, je näher die verantwortungsvolle Stunde kam,
da ich mein Amt antreten sollte.

Scheu und furchtsam mich anblickend, kam die kleine Schar
vom Wahnfried, begleitet von ihrem Kinderfräulein zu mir in
die Loge herein. Den ersten Akt ging es nun ganz gut; es gab
auch anfangs viel zu schauen für die Kinderaugen, und wenn
eine Versuchung zur Zerstreuung kam, ein scheuer Blick
zurück zu dem schwarzen Pfarrer in der Ecke genügte, ihrer
Herr zu werden. Aber im II. Akt ging es los. Kein Wunder,
wenn es den Kindern zu langweilig wurde; die Brünhilde
kniete aber auch eine ganze Ewigkeit vor den Walvater hin;
und nun wurde es richtig lebendig in unserer kleinen Loge; ein
Zwicken und Zwacken, ein Stoßen und Stampfen; alle „bst",
„bst" des Fräuleins halfen nichts, nun erhob sich der gestrenge
Finger meiner geistlichen Autorität: Die Situation war gerettet, aber nicht lange, und das Kesseltreiben ging wieder los −
die Brünhilde mußte aber schon wieder eine ganze Ewigkeit
lang vor den Siegmund hinstehen −, da mobilisierte ich alle
meine mitgebrachten Eisbonbons, und die schleckenden und
schluzenden Kinder teilten stille Brünhildes Mitleid. Wieder
war die Situation gerettet −, bis die Süßigkeiten verschlungen
waren, und wieder ging es los in steigendem Crescendo wie im
Walkürenvorspiel: Das Streiten und Kämpfen auf der Bühne
(am Schlusse des zweiten Aktes) hatte in verheerender Beispiel-
gebung auf die Kinder gewirkt. Da öffnete sich die Logentüre
und die gestrenge Tante Daniela (= Frau Geheimrat Thode-

Bülow) trat herein: „Was ist denn das für ein Spektakel, schämt Euch!"

Ein eisiges Schweigen — über allen Gipfeln ist Ruh' —, aber ich sitze wie versteinert in meiner Ecke, ganz konsterniert über den völligen Bankrott meiner pädagogischen Assistenz. Da fällt der Vorhang und löst die Spannung auf der Bühne und in unserer Loge; Ende dieses Aktes; für mich aber bedeutete es bedingungslose Kapitulation. Die blonden Buben Wieland und Wolfgang lächelten aber noch lange über die schwarzäugige Tante; das Schwesterchen Friedelinde jedoch schaute mich treuherzig an und sagte mitleidig zu mir: „Herr Pfarrer, fürchten Sie die alte Eule? Wir nicht!"

Der sterbende Tristan wurde wieder gesund

23. Juli 1939. Am schwarzen Brett des Festspielhauses steht: Generalprobe zu „Tristan und Isolde." Volles Haus mit geladenen Gästen; auch die Angestellten des Hauses Wahnfried sitzen in vornehmster Gesellschaft in den vorderen Reihen des Theaters bei ihrer Herrin, Frau Winifred Wagner, die in ihrer herablassenden Liebenswürdigkeit auch die einfachsten Leute aus dem Volk zu Gast geladen hat. III. Akt, II. Szene: Der berühmte Berliner Kammersänger Max Lorenz steht als Tristan auf der Bühne, am Dirigentenpult der nicht weniger berühmte Generalmusikdirektor der Mailänder Scala, Viktor de Sabata, wie Toscanini ein unnahbarer Zar in seinem Reiche. Das englische Horn hat eben die nahende Ankunft Isoldens gemeldet, das Orchester jubelt in allen Tönen; Tristan, dem Sterben nahe, der nach wenigen Zeilen der Partitur leblos in die Arme Isoldens sinken soll, richtet sich auf, nimmt alle Kraft seiner Stimme zusammen, um Isolde noch zu begrüßen — — da auf einmal klopft Sabata ab und schüttelt den Kopf, mit dem Tristan scheint er nicht zufrieden zu sein, entweder nicht mit seinem Tempo oder seinem Zusammenspiel mit dem Orchester. Dasselbe hört plötzlich auf zu spielen, Kammersänger

Lorenz hört nun auch plötzlich auf zu singen und schimpft; er hat ja schon xmal den Tristan gesungen. Der Dirigent schimpft auch, deutsch und italienisch, er hat ebenfalls auch xmal den Tristan dirigiert, und es beginnt ein regelrechter Wortwechsel. Eine allgemein nervöse Stille im ganzen Theater – Frau Wagner, die Herrin des Hauses, nimmt aufgeregt das Telefon und ruft zum Dirigentenpult hinunter und zur Bühne hinauf – sofort ist der Streit geschlichtet, Sabata dirigiert weiter und Lorenz singt weiter, aber mit einem unverkennbaren Nachdruck seiner Stimme, ärgerlich, ähnlich wie Beckmesser in den „Meistersingern" bei seinem gestörten Ständchen. – Da meint die schlichte Frau, die neben mir sitzt, ein alter dienstbarer Geist des Hauses Wahnfried: „Herr Pfarrer, jetzt hab i glaubt, der Tristan stirbt, und i mein immer, der wird wieder gesund!" – Frau Winifried Wagner hört es, schaut zu uns zurück und kann sich eines verborgenen Lächelns nicht erwehren, trotz der Aufregung mit dem nichtsterbenden Tristan.

Bei den „Teufelskindern"

Am Eingang des Bayreuther Festspielhauses stehen als Denkmal auf Bronzeplatten die Namen der ersten Mitwirkenden der Wagner-Festspiele aus dem Jahre 1876, darunter auch der Name der berühmten Bayer. Hofopernsängerin Therese Vogl (München). Wer hätte je gedacht, daß diese gefeierte Wagner-Sängerin einmal als junge Bäuerin auf dem Misthügel gestanden ist, in ihrem Geburtsorte Tutzing, um dann später einmal auf dem Festspielhügel von Bayreuth als Hauptsängerin stehen und glänzen zu können. Ihre ehemalige Landsmännin und Schulkollegin, meine alte Münchener Hausfrau, hat mir viel von ihr erzählt. Schon als Mädchen habe Therese eine wunderbare Sopranstimme gehabt und sei als Sängerin ihres Kirchenchores allgemein aufgefallen. Besonders war es damals der junge Hilfslehrer Heinrich Vogl, der nachmals ebenso berühmt

gewordene Wagnersänger und Heldentenor des Münchener Hoftheaters, ihr späterer Gatte, der sich um die Ausbildung der jungen Sängerin viel angenommen hat. Aber der Weg zur Bühne war nicht so glatt und einfach, wenn auch nicht lang und schwer. Als die junge Therese eines Tages daheim zur Mutter sagte: „Du, Mutterl horch, alles sagt, ich hätt' eine so schöne Stimme und sollte mich ausbilden lassen und zur Bühne gehen", da gabs aber ein richtiges Donnerwetter für das damals noch nicht 19jährige Madl. „Was fällt denn Dir ein, zum Theater gehen, zu den nixigen Leuten, zu diesen Kindern des Teufels!" - Resl schluchzte und heulte, aber in ihrem Herzen hing sie doch mit allen Fasern an ihrer Gesangskunst und ihrem Hang zur Bühne, wenn sie auch als braves Mädel kein Teufelskind werden wollte. Nach langem Betteln erreichte sie wenigstens die Erlaubnis, manches Mal nach München fahren zu dürfen, um „Haushaltungs"-, in Wirklichkeit Gesangs-Unterricht zu nehmen. Nach ganz kurzer Ausbildung stand sie schon als 20jährige auf der großen Bühne des Münchener Hoftheaters. Um die Mutter zu überraschen und ihr zugleich zu zeigen, daß auf der Bühne nicht bloß die „Kinder des Teufels" ihr Unwesen treiben, hatte man die biblische Oper „Joseph in Aegypten" angesetzt; ihre Tochter Resl sang die Sopranpartie des Benjamin. Die Mutter saß in den vorderen Parkettreihen, ohne zu wissen, daß ihre Tochter auf der Bühne stand. Da auf einmal erkennt sie ihre Resl an der Stimme, springt vom Sitze auf und ruft: „Jesses, mei Resl, mei Resl!" – Joseph von seinen Brüdern und Resl von ihrer Mutter erkannt! Als die junge Sängerin nach Aktschluß mit Beifall und Blumen überschüttet wurde, weint vor Freude die glückliche Mutter, eilt hinter die Bühne und fällt der Tochter um den Hals: „Ha, mei Resl, bist Du's wirklich, und so schön is gwen, wie's mich selber freut!" „Gelt Mutterl", meint dann Resl, „jetzt bin ich halt doch noch nicht ein Kind des Teufels geworden!"
Und ich glaube, sie ist auch später keins geworden, als sie fast 30 Jahre lang auf der Bühne des Münchener Hoftheaters sang und als ernsthafte, in allem große Künstlerin allgemein geachtet und gefeiert war. Noch in meiner Studentenzeit sah ich sie oft

bei ihren regelmäßigen Gängen zur Kirche und konnte fast jeden Sonntag bei den 11-Uhr-Ämtern in der Allerheiligen-Hofkirche ihre noch im Alter herrliche Stimme bewundern, wo sie mit anderen ehemaligen Sangesgrößen des Hoftheaters ihre Stimme zur Ehre Gottes erklingen ließ.

Ähnliche Erfahrungen konnte ich auch in der Theaterstadt Bayreuth machen. Es ist hier ein traditioneller Brauch, daß sich die Mitwirkenden des Theaters mit ihren Angehörigen zumeist in der „Eule" treffen, einem biederen, bürgerlichen Lokale, wo schon der alte Meister Richard Wagner mit den Spießern und Bürgern von Bayreuth in zwangloser Unterhaltung sein Glas Bier getrunken hat. Während es an anderen Theatern oft beobachtet werden kann, daß sich die Spieler, die eben noch auf derselben Bühne standen und sich vielleicht hier noch stürmisch umarmt hatten, nach dem Stück aber kaum eines Blickes gewürdigt und kein Wort und keinen Gruß mehr gewechselt haben, ist das in Bayreuth anders. Hier hatte ich das Gefühl, daß die Mitwirkenden untereinander, wie mit ihren Theatergästen, gleichsam eine Familie bilden, die sich hier in offenem, herzlichen und harmonischen Beisammensein zusammenfinden. Bei dieser Gelegenheit fand ich auch den Kontakt zu so manchen wahrheitssuchenden Nikodemus-Seelen, entdeckte hier so manchen edlen Charakter, so manchen tiefgläubigen Christen, so manchen überzeugten Katholiken, die alles eher als den Eindruck von „Teufelskindern" machten. Wenn ich daran denke, wie bei einer Festspielsaison eine der Hauptpersonen, der Dirigent des „Parsifal", Herr Generalmusikdirektor F. v. H., jeden Morgen zur Kirche kam und während meiner Messe die hl. Kommunion empfing oder wenn ich zu jeglichen Tageszeiten gefeierte Sänger oder Sängerinnen in stiller Andacht in dem Gotteshause antreffen konnte, die ich am selben Abend auf der Bühne glänzen sah — deswegen möchte ich nun nicht sagen, daß diese alle Engel waren oder sind —, aber nach meinen Erfahrungen möchte ich doch dem Tutzinger Weiblein nicht ganz recht geben, wenn sie gemeint hat, daß da droben auf der Bühne lauter „Kinder des Teufels" stehen.

Aufregende Brotzeiten in bester Gesellschaft

Es war schon vor geraumer Zeit im glanzvollen Speisesaal des vornehmen Hotels „Drei Mohren" in Augsburg, wo sich Mitglieder des Bayreuther Bundes um die Familie Wagner versammelt hatten. Vorher war im Stadttheater die selten gegebene Oper Siegfried Wagners „Der Bärenhäuter" aufgeführt worden. Der Komponist, der einzige Sohn Richard Wagners, hatte selbst seine Oper geleitet und dirigiert. Hinter ihm, im Parkett, saß seine Gattin, Frau Winifred Wagner, in glänzender weißer Robe. Siegfried hatte sich am Dirigentenpult nicht so leicht getan wie sein berühmter Herr Papa, war deshalb schon ein bißchen aufgeregt und müde geworden und wischte sich den Schweiß von der Stirne. „Aber jetzt hab' ich Hunger und Durst bekommen", wandte er sich zu seiner Frau; da hat er auch mich als Theatergast entdeckt und lud mich ein, „als Bayreuther Freund" mit ins Hotel zu kommen. Hier bekam ich nun Gelegenheit, Zeuge einer drolligen Episode zu werden. Bis das festliche Abendsouper begann, bestellte Herr Wagner ein Paar Knackwürstchen und war eben im Begriff, sie seinem hungrigen Magen einzuverleiben. Unterdessen entspann sich zwischen ihm und seinen Kollegen von der Musik ein aufgeregter Disput über seine Oper und in der Erregung klopfte Wagner auf den Tisch und kam seinen Knackwürstchen zu nahe - und schon lagen sie mit dem klirrenden Teller samt Messer und Gabel unter dem Tische. Frau Wagner, die vornehme Dame der Gesellschaft, die seinerzeit auch dem noch unpolierten Herrn Hitler aus Braunau die Anfangsgründe des guten Taktes zu lehren versuchte, war natürlich nicht wenig aufgeregt über das unliebsame Vergehen ihres Mannes gegen alle höfische Sitte. - Und nun kommt erst der Komödie zweiter Akt. Ausgerechnet ich saß damals neben Herrn Wagner, er hatte mich in seiner Liebenswürdigkeit neben seinem Sessel plaziert; war ich schon vorher ziemlich aufgeregt und nervös, als einfacher Bauernpfarrer in dieser illustren Gesellschaft sitzen zu müssen, und jetzt noch dazu nach allen Regeln der Etikette meine Knackwürstchen zu bearbeiten und zu verzehren, so war ich's jetzt erst recht. Als nun Herr Wagner nach seinen Würstchen unter dem Tische hinuntersah, stieß er unversehens an meine sowieso schon zitternde Hand und ein Ruck und ein Mordskrach - und schon lagen auch meine Knackwürstchen samt dem Teller und Zubehör hilflos unter dem Tische. Ein allgemeines Kichern und Lachen - aber die Situation war jetzt gerettet: eine Stimmung war jetzt in die Runde hineingekommen wie vorher noch nie, und gar als dann noch Herr Wagner, schalkhaft lächelnd, zu mir sagte: „Herr Pfarrer, nur keine Aufregung, jetzt setzen wir uns unter den Tisch, unsere Würste sind so schon drunten, und machen jetzt unter dem Tische Brotzeit!"

Wie es oft dumm gehen mag, konnte ich erst jüngst erfahren, als ich einer Festspiel-Aufführung von Richard Wagners „Meistersingern" im Münchener Prinzregententheater beiwohnen durfte. Eben war der Vorhang des 1. Aktes gefallen und alles strömte hinaus in das Foyer des Theaters an die dortigen Büffettische zum belegten Brötchen, zur Tasse Kaffee, zum Glas Wein oder Bier, und da war es ein Gedränge und Gewühle, als ob alles am Verhungern und Verdursten wäre. Und da fügte es ein launiger Zufall, daß eine ungestüme, ziemlich lebhafte Dame in der Hitze dieses Angriffsgetümmels an meiner zackigen, altmodischen Uhrenkette buchstäblich hängenblieb. In diesem Gedränge war nämlich der breite und lange, offensichtlich sehr kunst- und wertvolle Seidenschlips dieser Allegrovivace-Dame an meiner massiven Uhrenkette eingehakelt worden oder besser gesagt, diese in den Schlips. Nun hat's aber pressiert, der Dame sowohl wie mir. In 15 Minuten nämlich mußte die „Brotzeit" erstanden und zugleich beendet sein; denn schon nach zehn Minuten klingelte das Läutwerk des Festspielhauses, den Schluß der Pause verkündend. Ungeduldig zog und riß die Dame an meiner schwarzen Weste und ich an ihrem bunten Schlipse, um voneinander los zu kommen. - Da ein böser, trennender Riß und der schöne Schlips war entzwei, von oben bis unten. - „Um Gotteswillen, mein schöner, teurer Schlips", klagte die Dame zu ihrer

Begleiterin, „und schuldig ist der Herr mit seiner blöden Uhrenkette; denke Dir, was mich der Schlips gekostet hat, ich werde mich sofort bei der General-Intendanz beschweren." - Mir wurde es schon ganz zweierlei; was soll ich tun? was sagen? - Gar nichts - bin auch allein nicht schuldig gewesen. Wenn es ein armer Teufel gewesen wäre, hätte ich ihm gerne den Schaden bezahlt; so aber sah ich Brillanten und Diamanten an ihrem Halse und an ihren Armen schimmern. „Nein", sagte mein Gewissen, diesem überspannten, gewalttätigen Frauenzimmer bist du gar nichts schuldig."

Da kam mir ein guter, rettender Gedanke: ich schwieg zu allem und brummte nur ein paar unverständliche russisch-klingende Mikosch-Brocken in die erregte Debatte: „Mein Gott", sagte jetzt bestürzt die Dame, da kann man gar nichts machen, das muß ein Russe sein, ein Ausländer, ein Jugoslawe oder so was ähnliches." - Ich war es gerne, und konnte mich also unbehelligt wieder aus dem Staube machen - die Situation war gerettet. Fast wäre sie aber wieder verloren gewesen, als mich eine Theaterbesucherin aus unserer Gegend entdeckte und mir freudig zurief: „Ja, Herr Pfarrer, sind's auch da; gellens, schön ist's, die Oper, ganz großartig!" - Aber für mich war es jetzt gerade weniger schön gewesen und taubstumm geworden, suchte ich mein Heil in der Flucht, knöpfte meinen schwarzen Rock wieder gut zu, auf daß die fatale Uhrenkette nicht gleich wieder eine solche Aufregung bereiten konnte, und setzte mich wieder behutsam und bescheiden auf meinen Platz, herzlich froh, daß die sofort folgende Verdunkelung zum 2. Akt den Schlipsattentäter schützend barg.

Zur Mindelheimer Aufführung des „Wach auf"-Chores

„Woane hab i müessn"

Ein Zeitgenosse der „Meistersinger"-Erstaufführung am 21. Juni 1868 im alten Münchener Hoftheater konnte mir von diesem Erlebnis noch berichten: Richard Wagner, der Komponist, saß in der Königsloge neben seinem hohen Gönner, König Ludwig II. Am Dirigentenpult stand der noch jugendliche Hans Richter, der mit dem Meister in Tribschen am Vierwaldstätter See die Partitur geschrieben. Eben haben auf der Festwiese der Bühne die Lehrbuben das „Silentium" geboten und nun kommt der „Wach auf"-Chor des Nürnberger Volkes als Huldigung an Hans Sachs. Der Dirigent Richter, selber tief bewegt und ergriffen, hebt seine Hände empor, zum Chore hingewandt, „sehr lang ausgehalten" heißt es in der Partitur; das Volk singt ergreifend schön, langsam und feierlich: „Es nahet gen den Tag" - und wie es dann im Piano-Satz weitersingt: „Ich hör' singen im grünen Hag ein' wonnigliche Nachtigall . . .", da steht Wagner vom Sitze auf und lauscht, die Hand am Ohr, selber gerührt und tiefstergriffen. Neben seiner Loge sitzt auch einer, ebenso gerührt wie er; eben hat er das Schnupfen aufgehört und die Dose neben sich hingelegt; Tränen der Ergriffenheit rinnen über sein volles Gesicht, und mit seinem roten Sacktüchlein tupft er die Tränen ab von seinen Wangen; es ist der große Musiker und Meister Anton Bruckner aus Wien. Nach der Aufführung frägt ihn Wagner: „Nun, Antonio, wie hat's Dir gfallen?" - „Weißt, Richardl", antwortet der Treuherzige, „woane hab i müessn!"

„Schimpfn hab i müessn"

Etwa 40 Jahre später — ich glaub', es war bei Gelegenheit der 100. Jubiläumsaufführung der „Meistersinger" im selben Hoftheater, es war damals so heiß wie am Sonntag in Mindelheim; Sänger und Zuhörer schienen etwas müde zu sein. Am

Dirigentenpult stand damals der alte „Fischer Franzl", auch ein Meisterdirigent noch aus der Zeit Wagners, ein gemütlicher Münchner, der aber mit seinen Kraftausdrücken nicht sparte, wenn ihm etwas gegen den Strich ging. Auch er hatte freilich die Hand mit dem Taktstock erhoben: „Wach' auf" -, aber der Chor schien ihm nicht genug aufgewacht zu sein, und da schimpfte er, unter dem Fermat der Partitur: „Ihr faulen Kerle, ihr faulen Luder, macht's Maul besser auf!" - und schimpfte und brummelte noch lange weiter in seinen grauen Bart. Als ihn nachher ein Musiker im „Franziskaner" fragte: „Herr Generalmusikdirektor, heut' warens aber recht aufgeregt", sagte er: „Ja, aber die auf der Bühne waren heut' so phlegmatisch und faul, schimpfn hab i müessn!"

„Stampfen hab i müessn!"

Ein Jahr später wars, wieder bei einer „Meistersinger"-Aufführung, an einem schwülen Johannistag; diesmal stand der berühmte Wagner-Dirigent Generalmusikdirektor Felix Mottl am Dirigentenpult; sein Dirigieren war überlegen und sicher, ruhig und ohne weitere Aktionen; wenn aber ein Höhepunkt kam, wie der „Wach auf"-Chor, da konnte er aufspringen, am liebsten noch auf den Dirigentensessel, und arbeiten mit Händen und Füßen; die stampfenden Füße galten dem Orchester, die hocherhobenen Arme dem Chor auf der Bühne. Als ihn auch einmal nach der Vorstellung einer fragte: „Warum das?" „Weil's braucht hat: Stampfen hab i müessn!"
Darum darf man der tapferen Mindelheimer Sänger- und Musiker-Schar herzlich gratulieren zu ihrer so imposanten „Wach auf"-Chor-Aufführung, schon daß sie sich an dieses schwierige Werk herangewagt hat und daß es ihrem feurigen Dirigenten, H. Paletta, so schön gelungen ist, diesen sonst so gefürchteten Massenchor so klangvoll zur Wirkung zu bringen, ohne „schimpfen" und „stampfen" zu müssen. Mir aber wäre es dabei bald so gegangen wie dem alten Bruckner seinerzeit: „Woane hab i müessn", das Sacktüchlein lag schon bereit.

Ein musikalisches Erlebnis in Ottobeuren

Mozart soll man in Salzburg, Wagner in Bayreuth - und jetzt darf man wohl schon sagen: Bach soll man in Ottobeuren hören. Was an einem Sonntagnachmittag dort in seiner wunderbaren Basilika gehört wurde, war wirklich ein musikalisches Erlebnis. Nicht umsonst waren wieder Tausende aus aller Welt nach dem sonst so stillen Ottobeuren gekommen; man konnte dort eine Auffahrt sehen wie bei den großen Festspielen in Bayreuth - dies allein schon eine Sehenswürdigkeit! Der stattliche Bayerische Rundfunk-Chor mit seinem jetzt weltbekannt gewordenen Symphonie-Orchester brachte unter der genialen Leitung seines Generalmusikdirektors Eugen Jochum die „Hohe Messe" in h-moll von Johann Sebastian Bach, wohl das gewaltigste und tiefempfundenste Werk des Meisters der Töne, zu einer glanzvollen Aufführung. Unser schwäbischer Landsmann Eugen Jochum hatte wirklich einen ganz großen Tag; man fühlte es, wie dieser Meister des Taktstockes gerade mit diesem gigantischen Werk voll und ganz verwachsen ist. Das war nicht bloß ein Taktgeben, ein Einsatz zeigen, das war ein innerliches Erleben des Dirigenten, der dieses tiefe Erleben suggestiv seinen Sängern und Musikern mitteilt, und diese dann wieder den andächtig lauschenden Zuhörern. Unvergleichlich schön und sauber, elastisch beweglich und präzis sang der Chor und ebenso spielte das Orchester; ein Sonderlob den Sopranen und den Holzbläsern! Und für uns aus der Mindelheimer Gegend war es eine besondere Freude, in den führenden Sopranstimmen das wohlklingende Organ unserer Landsmännin aus Warmisried, Resi Fackler, seit Jahren Mitglied des Rundfunk-Ensembles, herauszuhören. Höhepunkte der Aufführung waren der mächtig jubelnde Schluß des Gloria: Cum sancto spiritu, wie da alle Stimmen und alle Instrumente nacheinander in dieses freudige Jauchzen des Gloria Dei Patris einstimmen; dann das geheimnisvolle 5-stimmige Et incarnatus est, in wundersamer mystischer Stimmung schwebend; ein großartiges, gar kontrapunktisches Kunststück, das Crucifixus, das sich in immer schmerzlichere, düstere Tiefen senkt bis zur Grabesruhe des Et sepultus est; dieses leiseste Pianissimo eines solch gewaltigen Klangkörpers und doch nur ein lispelnder Hauch - unnachahmlich! Und dann mit Pauken und Trompetenschall das wuchtige Et resurrexit und das vielstimmige Vitam venturi saeculi, eine grandiose Krönung des ganzen Credo. Man ist förmlich hingerissen, wenn dann der Chor 6stimmig das Sanctus und dann 8stimmig das Hosianna singt, man meint jetzt wirklich nicht mehr die Münchner mit Herrn Jochum vor sich zu haben, sondern die Cherubim und Seraphinen des Himmels mit dem Erzengel Michael und seinem Schwert in ihrer Mitte.

Über die einzelnen Leistungen von Sängern und Musikern ein Werturteil abzugeben, will ich mich nicht anmaßen, das ist von berufener Seite geschehen. − Aber vielleicht dürfte es manche interessieren, wie Leute aus dem gewöhnlichen Volke − diesmal waren es auch wieder Allgäuer Landsleute − so manches beurteilen: „Dös mueß man dene Ottobeurer lau, die verstandets, die richtige Leut' hearzubringe, gar der Bürgermeischter Hasel, dear ka scheints it bloß gueta Schaumrolla mache und gueta Mohraköpfla, dear ka au schöne Konzerter mache. Die vier, wo dau Solo gsunga hant, dös send die richtige Leut gwea am richtige Platz. Oiner hot Tenor gsunga, er soll dr beschte Sänger von London sci, der Peter Pears; i hau mer glei denkt, daß dös a Engländer ischt, weil i seine lange Füeß und sei graue Mondur gseah hau. Oiner ischt neb'm ghocket, dr sell hat Hans Braun gheißa und hat Baß gsunga, hat au a schöne starke Stimm ghet, aber diemaul hat er recht schnaufa müaße, daß'r mit seim Blasbalg z'tun komma ischt. Das Sopransolo hat eine Berlinerin gsunga, die Lisebeth Grümmer, a guetgwachses Weibsbild, it wuescht, mit ar klara, feschte Stimm, wo it gschettert und it gruzget hot. Neabe der isch a kleine ghockat, die wo Alt gsunge hot, die Gertrud Pitzinger vo Wien; zerscht ho mer i denkt: mei Gott, so a verhockete, was wird die rausbringa, aber wie die 's Maul aufgmacht hot, hon i bloß so losa müsse, was die für a schöne, starke Stimm ghet hot. - Ja, und erscht dr Jochum, dear ka's, dear haut's, deam braucht ma bloß zualuega und zualose; wisset, bei deam Jochum ischt des scho im Gschlecht, dau ischt Musek schon bei dr Milldudl gwea. Ja, und i mueß no amol sage: dös Konzert hot an Schwung ghet und an Schlanz!"

Zum Schlusse noch eine prinzipielle Frage. Wenn man so eine große Messe, so ein gigantisches musikalisches Kunstwerk hört, wie diese Hohe Messe von Bach, wie die Missa solemnis von Beethoven, die an der Grenze des opernhaft Weltlichen und des religiös Kirchlichen stehen, frägt man sich: Wohin gehören eigentlich solche Kompositionen? In den Konzertsaal? – „Eine Entweihung!" – In den Gottesdienst der Kirche? – „Wieder eine Entweihung!" gerade nach der Ansicht der strengen Cäcilianer, und noch dazu wegen ihrer Länge und Breite oft unaufführbar. Was würden doch meine Bauern sagen und mit den Stiefeln ungeduldig an die Kirchenbänke poltern, wenn da droben auf dem Chore so „ein Weibsbild so lange umeinander singt und trillert". – Darum die glücklichste Lösung wie in Ottobeuren: So ein kirchliches Werk in den kirchlichen Raum, aber außerhalb des Gottesdienstes! Dazu noch in Ottobeuren der einmalige, wunderbare Rahmen seiner Basilika und ein andächtiges, dazu eingestelltes Publikum, das den großen, weiten Raum bis zum letzten Platze füllt. Und so wird eine solche große Messe nicht bloß zu auserlesenem Kunstgenusse, sondern zu einem tiefgefühlten religiösen Erlebnis.

Bericht über das Ottobeurer Kirchenkonzert

Erlauschtes aus dem Zwiegespräch
zweier Allgäuer Konzertbesucher

„Bigott nei, isch dös a schöne Kieche, die Ottobeurer, i hau grad müesse so luege! Weischt, wenn d'Musik grad an wink trucke gweha isch, nau haun i scho a bisle umanandglueget, aber i hau mi it so fascht traut, weil lauter so feine Leut um mi rumghocket sind. Muescht denke, die ganz Kirche ischt eindruckt voll gweah, aber 7 Mark Eintritt ischt scho a bisle

viel gweah für so an Kleinhäusler wie i bi; 's Weib dahoi, die
wird scho maule, aber 's ischt wert gweah, scho die viele Leut
vo überall hea, wo dau komme send, und wie die so schüh
eingschläft gweah sind, die esset au it all Tag a Roßfleisch und
au it alleweil Bodebire; und Auto, hundertweis! – Um drui
isch anganga, und i sag: i hau bloß so luege müesse, wie dau auf
amaule voarne der Chor ganz voll woara ischt. Zerscht sind
lauter Musikante komme, Geigar und Blausar, ganz Häufe,
und nauchat ganze Schara von deane Sänger, Mannsbilder und
Weibsbilder, dös sollet lauter Schullöhrer und Schulfräula gwea
sei, die wo z'Münche dinn an eigene Gsangverei hant. In dr
Mitt dinn isch so a alter Klavierklepperkaschte gweah; ,öha
du', haut mei Nauchber gsait, ,dös verschtauscht du it, dös isch
a Tschembalon!'

Ganz voane dett send viere ghocket, die wo alleweil alloi gsunga hant. Aber i sag: die hant ebbas könne. Am meischte haut die Kuppere singe müesse; i hau verzölle ghört: die soll scho lang beim Theatr singe und soll scho lang verheiret und a richtigs Hausweib sei, aber i sag: di haut scho so schüh gsunga und grollet mit dr Stimm wie bei mir dahoi mei Kanarivögele, aber zletscht isch si scho müed wora und froh gweah, wenn se haut meh nahocke könne. Neabe ihr ischt oine ghocket, die Töppere, au a groß stramms Weibsbild, no it alt, in am schüne Sammathäs, und d' Haar scho nobel naufbudlet, aber i sag: gsunga haut diesell scho sauber mit ihre schüne Altstimm und manchmaul so ernsthaft naufglueget auf d' Deck; so andächtig isch die dinn gweah. Von de Mannsbilder haut dr Fehenberger die Tenorsolo gsunge, guet, laut und still, wie ma's braucht haut; drsell soll a Hauptsänger sei und nebezu a Baur, z' Altötting dinn soll er a Bauregüetle hau; z'erscht isch er a wink verschreckt mir fürkomme und blaß im Gsicht gwea grad wie sei helle graue Mondur, wo er aghöt haut; vielleicht isch'm a bisle koiz gweah. Aber a richtiger Bacheler isch er woara die letzte Jauhr; i hau no denkt: wenn der soll mit seinem dicke Bäuchle de Lohengrin no singe, nau haut dr Schwan scho wohl ebbas zum ziehe. Aber i sag, nebedett ischt oiner ghocket, der haut mir au ganz gut gfalla; dr Pröbstl, a richtiger Baß, au a groß, richtigs Mannsbild; er soll früher a Sattlergsell gwea sei und jez im Theater z'Müncha dinn a Hauptsänger; wenn der sei Maul aufmacht und singt, dös ischt a Freid zum Losa. – Ja, was hant se denn alls gsunga? So Choräl und Lieder von dem alte Bach; sie send schüh gweah und sie hants au recht schüh gsunga und gspielt mit dem alte Musikmeister Heger, wo dirigiert haut, aber verstanda haun i it viel drvon; mir isch gange wie dem selle Hochzeiter: D' Braut ischt reacht und schüh, aber i mag sie it. – Aber zletztscht ischt doch no ebbas komme, was mir guet gfalle haut und was se au recht schüh gsunge und gspielt hant: dös Magnifikat von deam Bach, und dös hant au alle gsait. – Und die 7 Mark hant mi fei nauche gar nomma dauret und nomma gruit."

In der Staatsoper

In Wien: Hinausgejagt

„Was? Gleich hinausgejagt hat man Sie?" – „Ja, aber ich habe es eigentlich verdient." – Wie kam das? Wir vom Kreis Mindelheim und Memmingen hatten eben die Wiener Ferienkinder dorthin zurückgeleitet und waren nun vom Stadtrat eingeladen worden, die Sehenswürdigkeiten Wiens zu besichtigen. Müde sind wir da abends immer gewesen nach diesen vielerlei Besichtigungen, und ich erst recht, da ich noch 2 Stunden früher aufstehen mußte als die anderen, um meine Meßfeier und mein Breviergebet im Tagesprogramm unterzubringen. Abends gab es dann frisches Pilsener Bier und manchen guten Tropfen Weines; was Wunder, wenn man da in Versuchung kam, ein Nickerle zu machen. Nun war für einen Abend der Besuch der großen Staatsoper angesagt, wo die damals neue Oper „Die Frau ohne Schatten" von Richard Strauß gegeben wurde. Wir hatten wunderbare Plätze auf samtweichen Sitzen im Parkett, es lag nahe, wenn es einem da ergangen ist wie den schlafenden Jüngern am Ölberg. Wohl stand der große Musiker und Komponist der Oper, Richard Strauß, am Dirigentenpult, aber mich interessierte jetzt weder seine „Frau" noch ihr „Schatten", noch ihre Musik – und schlief ein. Das hätte nun niemanden genieren können, es war ja abgedunkelt und so ruhig, bis ich auf einmal ein lautes Schnarchen anfing, wie wenn eine schwere Baumsäge ächzt und krächzt. Alles Hineinpuffen und Hineinstupfen meiner verlegenen Landsleute half nichts, ich merkte einfach nichts, auch als mein Nachbar, der Herr Katechet Manz von Kloster Wald, mit einem kräftigen Schütteln mich weckte, – es ging mir wie dem Drachen Fafner in der Waldeshöhle: „Ich lieg und besitze, laßt mich schlafen!" Endlich kam ich doch zu mir selbst und schämte mich, als mir auch die Begleitdamen unserer Gesellschaft einen bösen Finger machten. – Gut, ich nahm mir fest vor, jetzt nicht mehr zu schlafen und die eigentlich herrliche Opernmusik mit wachsamen Ohren und Augen über mich ergehen zu lassen. Aber es dauerte nicht lange, da wurde die Versuchung wieder stärker als der gute Wille: Ich fing wieder an, zu schlafen und zu schnarchen. — Aber jetzt — es war scheinbar um mich herum eine große Unruhe entstanden — packte mich ein fester Arm und zog mich aus meinem weichen Parkett hinaus in den Logengang; es war der Theaterdiener der Loge: „Sie Herr, Sie haben die ganze Oper gestört; man hat Sie im ganzen Parkett gehört, Sie haben sofort das Theater zu verlassen!" — Wie habe ich mich geschämt, lange saß ich bewegungslos draußen auf den Marmorstufen der Oper; da kamen nach Aktschluß meine lieben Mindelheimer und Memminger Reisekollegen zu mir her und haben mich dann herzlich getröstet: „Wissen Sie, wir haben ja auch geschlafen, bloß haben wir nicht so laut gesägt wie Sie!"

In München: Hineingeleitet

An der Plakatsäule der Staatsoper heißt es: „Im Prinzregententheater: ‚Die Ägyptische Helena' von Richard Strauß, Festspiel-Aufführung". — Und ich sitze ganz alleine im großen Zuschauerraum des Festspielhauses und noch dazu in der Mitte der ersten Parkettsitzreihe, nahezu wie einmal König Ludwig II. bei den Separataufführungen im alten Hoftheater, ich, der simple Landpfarrer von Kammlach. — „Ja, wie ist denn das wieder zugegangen?" fragen mich nachher zwei Musiker, die ich schon länger kenne und die mich von ihrem Orchesterraum aus sitzen sahen. Es war aber noch nicht die Festspielaufführung selbst, sondern nur die Generalprobe dazu. Freilich hätte ich nun gern diese neue Strauß-Oper gehört mit ihrer grandiosen Musik; darum fragte ich an der Pforte, ob denn keine Möglichkeit bestünde, in diese Generalprobe hereinzukommen. „Ganz ausgeschlossen", hieß es beim Portier, „da wird prinzipiell niemand zugelassen. — Ja, warum kommen Sie denn nicht morgen zur Aufführung selbst?" „Ja wissens, da bin ich im

Exerzitienhaus, und da kann ich nicht kommen. Nun hören Sie, wer könnte mir schließlich die Erlaubnis geben, bei dieser Opernprobe zuzuhören"? — Langes Schweigen. — „Niemand, höchstens der Generalintendant, Herr Professor Hartmann, oder der Herr Generalmusikdirektor, Professor Keilberth, der heute dirigiert." — Da fährt ein schwarzer Mercedes vor, wahrhaftig: Professor Keilberth ist es, der eben aussteigt. Schlagfertig ging ich auf ihn zu, begrüßte ihn und stellte mich als ehemaligen Bekannten aus den Bayreuther Festspielen vor. In kurzen Worten brachte ich ihm mein Anliegen vor, wenigstens ein bißchen jetzt zuhören zu dürfen, wenn auch bloß in einem bescheidenen Winkel. Unterdessen gingen die Musiker des Staatsorchesters mit ihren Instrumenten an mir vorbei, wie die übrigen Mitwirkenden der Bühne, weit über hundert, mich groß und klein musternd. „Gut!" antwortete mir freundlich der Herr Professor. „Sind Sie vielleicht der schwäbische Pfarrer, von dem mir Wagners schon erzählt haben?" — „Ist möglich!" — „Also kommen Sie, wenn Sie soviel Interesse haben und bleiben Sie, solange es Ihnen gefällt, weil Sie ein Herr Pfarrer sind, werden Sie uns doch nicht ausspionieren und ausrichten!" — „Keineswegs! Möchte nur hören!" — Und da nimmt er mich am Arm und führt mich an der Bühne vorbei durch den Orchesterraum zu einem Türlein, das mich in den Zuschauerraum bringt. — Und es dauert nicht lange: Professor Keilberth steht am Dirigentenpult, erhebt den Taktstock und nun beginnt das große Staatsorchester zu spielen, die herrlichen Melodien und Harmonien Richard Strauß'scher Musik — und ich sitze artig und brav auf meinem schönen Parkettsitz, aber diesmal habe ich nicht geschlafen und noch weniger geschnarcht oder gesägt.

Besuch bei Ruth Leuwerik

Wie kommt ein einfacher Landpfarrer zu dieser gefeierten Filmschauspielerin, werden sich nicht wenige fragen. Vor nicht allzulanger Zeit wurde in allen Städten bei uns wie im Ausland der historisch hochinteressante Film „König Ludwig II., sein Glück und Ende" gegeben, bei dem die Hauptrollen, die des Königs Ludwig und der Kaiserin Elisabeth, die beiden berühmten Filmschauspieler O. W. Fischer und Ruth Leuwerik mit größtem Erfolg gespielt hatten. Nun waren von den Personen, die damals in der Umgebung des Königs oder der Elisabeth lebten und zum Teil auch zu den wenigen Zeugen der Tragödie am Starnberger See zählten, Leute aus meinem nächsten Verwandten- und Bekanntenkreise, die mir von jenen heute noch in Dunkel gehüllten Geheimnissen mancherlei anvertrauen und erzählen konnten; und das erfuhren die beiden Filmschauspieler, weshalb sie einen Besuch in meinem Pfarrhause in Aussicht gestellt oder mich zu einem gelegentlichen Besuche in ihrer Villa eingeladen hatten. Nachdem nun O. W. Fischer gerade einen großen Prozeß mit seiner Filmgesellschaft zu führen hatte und seine Villa in Irschenhausen im Isartal, die er selbst nach seinen Lieblingstieren „Katzenschlößl" benannte, voller Besuche hatte und mich bat, zu einem ruhigeren Zeitpunkt vorbeizukommen, entschloß ich mich, seine Partnerin Ruth Leuwerik in ihrer Villa am Starnberger See aufzusuchen, zumal mich der Weg in ihre Nähe, nämlich in das Exerzitienhaus der Rottmanshöhe führte. Tags zuvor meldete ich mich telefonisch an, mußte aber erfahren, daß Frau Leuwerik ihre Villa am See eben verkaufte, um den vielen Belästigungen ungebetener Gäste, Autogrammjäger, Zeitungsreporter und Neugieriger zu entgehen, die ihr Haus vom frühen Morgen bis zum späten Abend förmlich umlagerten. Die Hecken und Sträucher am Zaun ringsum waren nämlich noch zu jung und niedrig, um Schutz vor Einblick zu gewähren, und so konnte sich die Künstlerin keinen Moment im Freien bewegen, ohne nicht andauernd den Blicken der gaffenden Neugierigen ausgeliefert zu sein. So wurde ich also in ihre „Dienstwohnung" in der Filmstadt Geiselgasteig zu Besuch gebeten. Obwohl Frau Leuwerik gerade mit der Einstudierung ihrer Hauptrollen in den neuen Filmen „Familie Trapp" und „Königin Luise" vollauf beschäftigt war, ließ sie es sich nicht nehmen, in der Mittagspause mit mir zusammenzutreffen. Vom Sendlingertorplatz in München hatte ich eine halbe Stunde zu fahren, bis ich in diese hochinteressante zwischen Großhesselohe und Grünwald gelegene Filmstadt kam. Eine hohe Umfriedung umsäumt den riesigen Komplex mit seinen acht großen Hallen, verschiedenen Werkstättten, Villen und Kantinen. Alles ist streng abgesperrt und am Eingangsportal kontrolliert mindestens ein Portier alle Passanten und verlangt von jedem Besucher außer seiner persönlichen Legitimation als Grund seines Besuches eine schriftliche Einladung einer der dort residierenden Filmhoheiten. Ich konnte Bild und Brief mit persönlicher Einladung von Frau Ruth Leuwerik vorweisen, weshalb ich dann ohne weiteres eingelassen wurde.

Der Weg führte mich in einer guten Viertelstunde an den verschiedenen großen Hallen vorbei, wo überall Bühnen für die Filmaufführungen, große und kleine Kulissen, Requisiten und Einrichtungsgegenstände aller Art aufgestellt waren; Kirchen und Schlösser, Burgen und Paläste, Villen und Bauernhäuser werden da gerade gebaut, Landschaften im Gebirge und an Seen entstehen vor unseren Blicken. Hunderte von Arbeitern, Regisseuren laufen und eilen hin und her, überall ein Klopfen und Hämmern, Aufbauen und Abbrechen, Malen und Modellieren, Montieren und Installieren. Auch kam ich an Halle 2 vorbei, die kürzlich ausgebrannt war und heute schon wieder instandgesetzt wird. Endlich gelangte ich zur Halle 7, einem stattlichen weiten Bau ebenfalls mit Bühne, Kulissenraum, mehreren Büros und Privatzimmern, im Eigentum einer Münchener Filmgesellschaft, wo also Frau Ruth Leuwerik ihren „Dienstraum" hatte.

Eben geht es gegen 2 Uhr nachmittags, da wird es immer lebhafter, ein geschäftiges Hin und Her von Filmleuten aller Art: den Schauspielern und -spielerinnen, den Regisseuren, den verschiedenen Leitern der Herstellung, der Produktion, der Aufnahme, der Kamera, des Drehbuches, der Kostüme, der Masken und des gesamten Spiels. Alles kommt an mir vorbei, manche lächeln und schauen mich verwundert an, aber niemand ist unfreundlich. Da kommt gar noch eine Klosterfrau, eine zierliche, mittelgroße Figur mit bildhübschem Gesicht, im wirklichen Habit einer Nonne freundlich lächelnd auf mich zu: Es ist Ruth Leuwerik. „Ja Grüß Gott, Herr Pfarrer! Gelt, da schauen Sie — wissen Sie, heute bin ich eine Klosterfrau; da wird nämlich jetzt gerade ein Film aufgenommen, der in einem Kloster spielt, und wenn Sie's interessiert, dann dürfen Sie mit hereingehen und können bleiben, solange Sie Zeit und Lust dazu haben." Und da faßte sie mich am Arm und führte mich so den ganzen langen Filmraum hindurch. „Wissen Sie, damit Sie nicht stolpern und fallen"; es lagen nämlich überall Kulissenstücke, Seile und Drähte am Boden herum. Ja wie die Leute alle schauten; „ja, wen hat sie denn heute da, gar einen Herrn Pfarrer." — Da kam uns gerade der Film-Oberregisseur, Wolfgang Liebeneiner, entgegen, auch verwundert schauend auf den seltenen Gast. Frau Leuwerik stellte mich vor und in äußerst bereitwilliger Weise ließ er mir einen Lehnsessel direkt vor die Bühne setzen. Ein anderer Regisseur klopfte mir freundlich auf die Schultern und meinte, schalkhaft lächelnd: „Heut' ist's gerade recht für Sie, Herr Pfarrer, heut' kommen Sie nicht in Verlegenheit und kriegen keine roten Bäckchen, heut' sehen Sie lauter Klosterfrauen und Kinder!" Übrigens sagte er noch wohlmeinend: „Es wäre oft gar kein Fehler, wenn ein Mann der Kirche anwesend wäre, dann könnte so manches vermieden und verhütet werden." — Und nun füllte sich der ganze Raum. Sechs große Scheinwerfer leuchteten auf, direkt über der Bühne und zwei grelle auf der Bühne; taghell war alles beleuchtet, ja, fast noch greller als Sonnenlicht. Regisseur, Photographen, Kameraleute, Männer und Frauen, alle standen um die Bühne herum, regierend und kommandierend. Frau Leuwerik betritt die Bühne — es wird stiller — im klösterlichen Gewand, aber ohne schwarzen Überwurf; sechs bis acht Mädchen im Alter von sechs bis zehn Jahren sind um sie herum; sie ist also ihre Kinderschwester. Ein drolliges Mädchen mit etwa vier Jahren hält sie auf dem Schoß und singt ihm, mit der Gitarre begleitend, ein Liedlein vor mit einer zarten, wohlklingenden Stimme, die mancher Frau Kammersängerin alle Ehre gemacht hätte, etwa wie „la, la, la, wir fahren jetzt nach Afrika, aber nicht zu den Eskimos, denn da frieren wir ja bloß!" — Dazu dieses liebe, einer Ruth Leuwerik eigene, herzliche Lächeln, das sie ihren anvertrauten Kindern schenkt und manchmal auch dem pfarrlichen Gast, schelmisch schauend, was er wohl alles macht in diesem ungewohnten Milieu. Sechsmal mindestens muß diese Kinderszene wiederholt werden, bis es allen Filmoperateuren paßt; immer wieder kommen sie auf die Bühne und korrigieren herum, diese oder jene Bewegung der Hand, der Füße, des Kopfes; eine Friseuse zupft an den Haaren herum, das Gesicht wird wieder gepudert, eine andere richtet die Kleider zurecht; und die Kinder sind so geduldig und auch Frau Leuwerik läßt alles still über sich ergehen und lächelt. — Nun wird eine Pause eingeschaltet und wir haben jetzt Gelegenheit, miteinander zu plaudern, und da erzählt sie mir von den vielerlei Freuden und Leiden ihres Berufes, von einer erst überstandenen Schminkvergiftung, von allerlei Erlebnissen, wie sie aber alles mit unerschütterlichem Gottvertrauen und ihrem angeborenen Frohsinn gemeistert hat.

Und mit dem ihr eigenen, liebevollen, herzlichen Lächeln begleitet sie mich durch den langen, weiten Raum der Halle 7 wieder zurück bis zur Pforte, mit beiden Händen mir nochmals versichernd, mich in Oberkammlach im September bestimmt besuchen zu wollen, um in der Stille des Pfarrhauses einige Stunden der Abspannung und Ruhe genießen zu dürfen; und mit aufrichtigem Händedruck sich meinem priesterlichen Gedenken im Gebet und Opfer empfehlend, verabschiedet sich die gefeierte Filmschauspielerin von dem einfachen Pfarrer vom Lande.

Besuch bei drei Zeitgenossen
von König Ludwig II.

Das Andenken an den unglücklichen Bayern-König lebt bei uns noch lebendig fort, nicht nur in unserem Bayernland, nein, auch noch weit hinaus über die weißblauen Pfähle, sogar noch im Ausland. Drei Augenzeugen konnten noch von der bayerischen Königstragödie erzählen.

Des Königs treuer Kutscher Fritz Schwegler

Der ehemalige Vorreiter und Kutscher des Königs, noch immer körperlich frisch und geistig rege, lebte armselig in einem Dachstübchen eines bescheidenen Hauses in Seeshaupt am Starnberger See. Sein sehnlichster Wunsch war es, in seinem geliebten München, wo er jahrelang im Königlichen Marstall als Pferdeknecht gelernt und gedient hatte, wieder eine Wohnung zu finden. Schwegler war es, der bei den nächtlichen Ausfahrten des Königs vom Schloß Neuschwanstein oder Linderhof hinein ins Tirol als Vorreiter, immer mit einer Laterne im Zügel, der geheimnisvollen Equipage des Königs, meist sechs- oder achtspännig, vorangetrabt ist; er war es auch, der den armen König, der zuletzt wie ein „Gefangener behandelt wurde", auf seiner letzten Fahrt von Neuschwanstein nach Schloß Berg mit der geschlossenen Kutsche geführt und noch in Seeshaupt auf der Durchfahrt angehalten hat aus Mitleid zu seinem Herrn, als dieser um ein Glas Wasser für seinen großen Durst gebeten hatte, das ihm dann die gütige Posthalterin von Seeshaupt in den Wagen reichte. Ergreifend ist dann, wie er in tiefer Rührung vom letzten stummen Abschied von seinem toten König erzählt, der in Schloß Berg, eingebettet in Jasmin und Grün, auf der Totenbahre liegt, und wie er noch das durchnäßte Leintuch pietätvoll anfaßt — aus der Leiche sickert immer noch Seewasser — und immer noch nicht glauben kann, daß sein lieber Herr als ein im See Ertrunkener vor ihm liegt.

76

Der Schwangauer Hitzl
beim Abschied von Neuschwanstein

Viel Interessantes über die letzten Tage des Königs auf seinem Lieblingsschloß Neuschwanstein bis zu seiner Verhaftung wußte der Schwangauer Metzgermeister Leopold Hitzl, Inhaber eines ansehnlichen Lebensmittelgeschäftes dort, zu berichten. Ein großer, strammer, geistig regsamer Mann war er, wie die meisten seiner Schwangauer Landsleute ein begeisterter Verehrer des Königs. Seine imposante, majestätische Figur, sein edles, bildschönes Gesicht, sein liebes, freundliches Benehmen zu seinen Leuten droben, konnte er nicht genug rühmen. Oft hat er den König gesehen, wenn er mit der Schuljugend von Schwangau zu einer Huldigung vor dem König nach Hohenschwangau „marschieren" mußte, auch beim Bau von Schloß Neuschwanstein sah er ihn mitten unter den Arbeitern auf den Treppen oder auf den Gerüsten. Unvergeßlich ist ihm heute noch die Aufregung in der nächtlichen Frühe, gegen 3 Uhr, des 11. Juni, als ein Eilbote zu Pferd bei Vater Hitzl eintraf mit einer Alarmmeldung des Königs, es möchte sofort die Feuerwehr von Schwangau zu Hilfe kommen — es sei nämlich gerade eine Regierungskommission von München in Hohenschwangau eingetroffen und wolle ihn absetzen, verhaften und abführen. Durch seinen treuen Diener Niggl, auch ein Schwangauer und Nachbar Hitzls, hatte der Monarch davon Kenntnis erhalten. Da hätte sein Vater sofort Signal geblasen und die 35 Männer der Feuerwehr von Schwangau zusammengetrommelt, und nun sei es im Sturmschritt hinaufgegangen zum Schlosse Neuschwanstein, und auch er habe damals, ein Bub von 11 Jahren, mitspringen dürfen, um dem König „schützend zu helfen". Er weiß auch noch gut, wie die hohen Herren, die Minister Krailsheim, Graf Dürkheim, Graf Holnstein und der alte Dr. Gudden vor dem Torhof standen und wie Graf Holnstein, als er den Schloßkoch vom Turm herunterschauen sah, zu ihm hinaufgerufen habe: „Höret, richtet uns ein Frühstück her, wir haben Hunger!" Und wie dann der schlagfertige Koch hinuntergerufen habe:

„Grad auch noch! Ihr braucht nix und kriegt nix!" Der König
hatte es nämlich so befohlen: „Die Kerle sollte man verhungern
lassen!" — Inzwischen hatte sich mehr Volk der Umgegend vor
dem Schlosse eingefunden, das eine ziemlich drohende Haltung gegen die Kommission einzunehmen schien; die Feuer-
wehrmänner und die königstreuen Gendarmen der Umgegend
hatten sich im Walde vor dem Schlosse verteilt. Als die Situation immer bedrohlicher zu werden schien — inzwischen
waren auch 40 weitere Gendarmen von München eingetroffen —
suchte Graf Dürkheim zu vermitteln und den König zur
Abdankung umzustimmen. Ludwig willigte, wenn auch
schweren Herzens, ein und entließ, um unnötige Zusammen-
stöße zu vermeiden, gegen mittags 12 Uhr seine getreue Feuerwehr. Im noch dunklen Morgengrauen des Pfingstsamstags
fuhren drei geschlossene Wagen vor, mit jener Regierungskommission, um den armen König abzuholen und nach
Schloß Berg zu bringen. Gerade läutete der Mesner von
St. Coloman das Morgengebet, als die unheimlichen Gefährte
an der Kirche vorüberfuhren.

Auf meine Frage, ob man auch hier in der Schwangauer
Gegend den König für geisteskrank oder verrückt gehalten
habe, antwortete Hitzl ganz bestimmt: „Keineswegs, denn
man müsse wissen, wie so viele mißliche Umstände und
betrübliche Ereignisse von damals, wie der Bruderkrieg anno
1866, der Franzosenkrieg von 1870, die Kaiserproklamation
von Versailles, der preußische Hurrapatriotismus, die ehrlose
Vertreibung seines Freundes Richard Wagner, die unliebsamen
Mißhelligkeiten im kgl. Hause, dann die vielerlei freilich
berechtigten Klagen und Vorwürfe seiner Minister über die
hohen Bauschulden für die Schlösser, den König ganz verbittert
und verärgert hätten. Deshalb habe er sich ganz von seinen
Regierungsgeschäften wie auch von der Haupt- und Residenz-
stadt München zurückgezogen. Aber seinem geliebten bayerischen Volk, insbesondere seinen anhänglichen Untertanen aus
dem Bereich seiner Schlösser bewahrte er seine Zuneigung.

Der Nachbarsbub Pöttinger von Schloß Berg

Er bewirtschaftete einen stattlichen Bauernhof in der Nachbarschaft der Rottmannshöhe am Starnberger See. Pöttinger stammte von Berg am See und war der Sohn des damaligen Bürgermeisters Pöttinger der Gemeinde Berg, zu dem Schloß Berg gehört. In seiner Jugendzeit war er nächster Nachbar des Königs. Sein Elternhaus, eine stattliche Mühle, steht heute noch gegenüber dem königlichen Schlosse. Und so hatte er als Bub oftmals Gelegenheit, den König zu sehen und von ihm zu hören. Öfters kam Ludwig in die Mühle hinüber, unterhielt sich aufs leutseligste mit den Müllersleuten, auch mit den Kindern, stellte seine Pferde im Stalle der Mühle unter; zudem war der Müller auch Bürgermeister. Als ich Pöttinger die Frage vorlegte, ober er nie etwas bemerkt habe, daß der König geistig krank oder verrückt gewesen sei, meinte er treuherzig: „Narret net, aber a bisl spinnet scho, gar in den letzten Jahren, wo er auch so menschenscheu geworden sei. O die ersten Jahre, da war er so lieb und so nett, hat mein Vater und meine Mutter immer davon erzählt." Als sie noch Brautleute gewesen seien, anno 1875, da habe sie der König als ihr Nachbar ins Schloß eingeladen und habe der Braut ein kostbares Schmuckgeschmeide, eine Halskette, Brosche und Ohrringe als Andenken übergeben. Später sei er freilich etwas „gspassig" geworden; so habe er z. B. die tiefen Verneigungen und Komplimente nicht bloß von seiner Dienerschaft verlangt, sondern auch von seinen Nachbarn im Dorf. Und so hätten sich auch die Leute von der Mühle zuletzt nur wenig mehr vor ihm sehen lassen, und als Kinder hätten sie den finsteren König sogar gefürchtet. Aber doch hätten sie wieder Mitleid mit ihm gehabt, wenn sie ihn in seinen letzten Lebenstagen so traurig durch den Schloßpark wandeln sahen oder so schwermütig durch die Fenstergitter seines Schlosses schauen.

In tiefster Ergriffenheit erzählt dann Pöttinger von den unbeschreiblichen Aufregungen jener unseligen Pfingsttage von 1886; sei das ein allgemeines Weinen und Klagen gewesen in ganz Berg. Jenen Pfingstmontag könne er nie vergessen: Wind und Sturm und Regen den ganzen Vormittag, gerade als ob die Natur um den toten König geweint hätte. Vormittags 10 Uhr habe er dann mit seinem Vater das Schloß betreten dürfen, und da habe er den toten König im Erkerzimmer aufgebahrt gesehen, das Gesicht sei ganz aufgedunsen und bleich gewesen, auch hätte er mehrere Kratzwunden und blaue Flecke im Gesicht des Königs wahrgenommen. In einem Zimmer nebenan sei eine andere Leiche gelegen, mit noch mehr Wunden am Halse und im Gesicht, die von dem Dr. Gudden. Nachmittags zwei Uhr habe er dann wieder mit ins Schloß hinüberdürfen, und da wisse er noch gut, wie jetzt das Gesicht des Königs ganz anders ausgesehen habe: es sei mit einer hellen Schminke überpudert worden, daß man die Kritze im Gesicht nicht mehr gesehen hätte. Am Abend vor der Überführung der Leiche nach München habe er nochmals mit seiner Mutter den toten König besuchen dürfen, und da sei es ihm unvergeßlich, wie seine Muttert die bleiche Hand des Königs gedrückt und laut geweint und geschluchzt habe. Währenddessen hätte dann sein Vater als Bürgermeister und Veteranenvereinsvorstand die Bürger der Gemeinde Berg zusammenrufen lassen und vor dem Schlosse aufgestellt, um dann der königlichen Leiche das Ehrengeleit durch das Dorf hinaus zu geben. Auch sei es ihm noch so lebhaft in Erinnerung, wie auch sein Vater so bitter geklagt habe, daß die neue Veteranenvereinsfahne, die man erst vor acht Tagen geweiht habe, jetzt so einen traurigen Dienst als ihre erste Funktion zu erfüllen habe, nämlich vor dem toten hohen Ehrenmitglied des Vereins sich senken zu müssen, um dann für immer von ihm Abschied zu nehmen.

Von Konnersreuth nach Bayreuth

Es war noch vor dem letzten Weltkrieg in Zürich, da saß ich als Gast in einem größeren Schweizer Kreise, und da wurde natürlich auch viel über die „Dütschen" gesprochen. „Zwei würden mich am meisten interessiere", meinte ein biederer Schwyzer, „dr Hitler und die Resl von Konnersreuth", und alle stimmten ihm bei. Saß ich zuerst still und schweigend, als bescheidener Zuhörer in einer Ecke des geräumigen Restaurants, wurde ich auf einmal in die Mitte des Interesses gerückt, als sie erfuhren, daß ich beide kennengelernt hatte, „die Resl" in Konnersreuth und „de Hitler" in Bayreuth.

In Konnersreuth

Nun, heute ist es so: Vom Hitler will man weniger mehr wissen, eher noch von Bayreuth und erst recht von Konnersreuth, über das man noch sehr viel disputiert. Noch hat die Therese Neumann − seit Weihnachten 1926 − keinen Bissen mehr gegessen, noch hat sie seit dem Frühjahr 1927 keinen Schluck Wasser mehr genossen, noch trägt sie die merkwürdigen Wundmale immer noch frisch blutend an Händen und Füßen, noch offenbart sie seltsame Geheimnisse, die sonst dem Wissen gewöhnlicher Sterblicher verborgen bleiben. Heute liegt sie sterbenskrank auf ihrem Lager, morgen empfängt sie wieder frisch und munter Hunderte von Besuchern aus aller Herren Länder und aus allen Kreisen.

Es ist wohl schon eine ganze Reihe von Jahren her, als ich nach Konnersreuth kam. Wie mußte ich staunen, daß so ein einfaches, fast ärmliches Bauerndorf, einsam von Wäldern umgeben, so schmucklos, ein richtiges Nest, so eine Weltberühmtheit erlangen konnte. Kaum war ich damals dem Omnibus (von dem oberpfälzischen Waldsassen her kommend) entstiegen, bemerkte ich bereits eine Unmenge Fahrzeuge aller Art, die sich in den engen Straßen des Dorfes stauten, Hunderte von neugierigen Menschen, in aufgeregter Unterhaltung hin und her spazierend. Herrscht sonst Totenstille in dem abgelegenen Nest, ist jeden Donnerstagabend − wie heute − bis Freitagabend großstädtischer Hochbetrieb. Mein erster Besuch galt natürlich dem Hause Neumann; ein einstöckiges, schlichtes Wohnhaus, in der Mitte des schmucklosen Marktplatzes gelegen, von großen, schattigen Bäumen umgeben. Eine dichte Menschenmenge davor stehend, plaudernd, gaffend, malend, photographierend, sagte mir gleich: Hier wohnt die Resl, das Wundermädchen von Konnersreuth. So trat ich denn ein und klopfte an die Tür der Stube, nachdem ich mir mühsam den Weg durch die Menge gebahnt. „Herein", brummte mir eine barsche Stimme entgegen; es war der Vater der Resl, der Schneidermeister Neumann. „Was wollen's denn? Zu meiner Tochter, der Resl, die is nöt da. Übrigens, lassens mir jetzt endlich amal mei Ruah, mein Haus ist koi Schaubudn und koi Panoptikum!" – „Geh, sei doch gstad und nöt so batzig", meinte die gütige Mutter Neumann, „siehst denn nöt, dös is a geistlicher Herr." – „Und ich habe eine Empfehlung vom Herrn Bischof Buchberger in Regensburg für einen Besuch in Ihrem Hause", wendete ich sofort ein. – „Ja so, dann ist das was anderes", meinte entschuldigend Vater Neumann, „wissens, die vielen Leut, die wo do allweil kemma, die machn oin ganz narrisch. Wissens was: gengens in Pfarrhof nunter zu unserem Herrn Pfarrer, da wird's drunt sei!" – Und jetzt ganz freundlich geworden, geleiten mich Vater und Mutter Neumann zur Tür hinaus und zeigen mir den Weg zum Pfarrhaus, wo Resl oft sich aufhält und in der Küche mithilft. Der Weg führte mich an der schlichten Dorfkirche (mit einem neuen Altar von der hl. Theresia vom Kinde Jesu) vorbei zum noch schlichteren Pfarrhaus. Auch hier eine große Menge Neugieriger, wartend, um das Wundermädchen zu sehen, geradeso wie seinerzeit eine Riesenmenge Schaulustiger vor dem Münchner Braunen Hause stand, um „de Hitler" zu erspähen. Mein bischöfliches Schreiben wies mir auch hier den Weg durch die Menge und öffnete mir das Pfarrhaus. Ein ehrwürdiger Priester im Silberhaar trat mir entgegen, der lange dort wirkende Pfarrer Naber, freundlich lächelnd mir die Hand zum Gruße reichend. Er führte mich in sein Amtszimmer, wo bereits einige illustre Gäste in reger Unterhaltung versammelt waren: der bekannte Chefredakteur Dr. Fritz Gerlich aus München, der Theologieprofessor Dr. Wutz von Eichstätt, ein Universitätsprofessor der Medizin aus Wien, der Chefarzt eines dortigen Krankenhauses, zwei fremde Geistliche aus dem Ausland und Pater Cyrillus von St. Ottilien. Dieser, als mein Allgäuer Landsmann, ging sofort freundlich auf mich zu, und so hatte ich auch hier gleich Anschluß gefunden. Und nun trat Pfarrer Naber ins Zimmer und entschuldigte zunächst Therese Neumann damit, daß sie noch mit Hausarbeiten beschäftigt sei; bis sie uns begrüßen könne, wolle er uns von ihrer merkwürdigen Vision am letzten Freitag erzählen. Da habe sie nämlich nicht, wie sonst an diesem Tage, das Leiden und Sterben Jesu geschaut, sondern, weil an diesem Freitag gerade das Fest der hl. Apostel Petrus und Paulus gefeiert worden sei, habe sie die Passion dieser beiden Apostel in ihrem visionären Zustand erschaut und erlebt, und zwar angefangen von der Gerichtsszene bei Kaiser Nero bis zu ihrem Märtyrertode. Was uns aber am meisten von diesen Visionen der Resl interessierte, war weniger ihre Beschreibung des Martyriums der beiden Apostel; denn dies hätte ja vielleicht das Traumerlebnis von dem sein können, was sie vorher in Legenden und Schriften hätte lesen oder aus Christenlehre und Predigten hätte hören können. Interessant war ihre Beschreibung der Nebenumstände, die sie unmöglich vom Lesen oder Hörensagen wissen konnte, wie z. B. ihre genaue Beschreibung der Gerichtsszene, ihrer Örtlichkeit und ihrer Personen. Da berichtet sie z. B. vom Kaiser Nero: „Da sitzt er auf einem goldenen Thron mit seinem großen Buch und seinem dicken Gesicht, hat koine Haar am Kopf und ums Mäul; auf dem Kopf hat er ein goldenes Lorbeerkranzl, von so Blattln wie man zum Kochen nimmt. Rechts und links sehe ich lauter römische Fahnen, da ist eine schwarze Krähe (= Adler), droben und drunten 4 Buchstaben S., P., Q., R. (Senatus Populus-Que Romanus). – Sechs nixige Weiber hat er um sich herum, aber vier haben sich geschämt, und weil der Paulus dem Kaiser sein Sündenregister vorgehalten hat, sind sie jetzt hinausgelaufen; ich glaube, sie gehen jetzt zu den Höhlen (= Katakomben) hinaus, wo die Christen beieinander sind. Der Paulus hat's ihm richtig hingesagt, der Petrus hat nicht mehr so viel gesagt, weil er schon so alt ist, so 83 Jahr könnte er schon sein." Dann sieht sie, wie der Kaiser über die beiden ein schwarzes Stäblein bricht, das Zeichen der Verurteilung zum Tode. Und nun kommt etwas Hochinteressantes: Resl sieht jetzt den Weg, den die beiden Apostel mit ihren Henkern und Soldaten durch die verschiedenen Straßen und Gassen Roms gegangen, beschreibt die Stelle an der Kreuzstraße, wo sie voneinander getrennt wurden, wie sie einander noch umarmen wollten zum Abschiedsgruße und dann noch lange einander nachschauten. Sie sieht dann, wie Paulus an eine kleine Steinsäule gebunden und enthauptet wird, wie sein Kopf dreimal aufschlägt und an drei Stellen das Blut auf den Boden spritzt. So schaut sie auch das Martyrium des hl. Petrus, wie er auf das Kreuz hingelegt wird, sieht die Stricke um seinen Leib, um Hände und Füße, wie das Kreuz dann mühsam aufgerichtet und auf einmal umgedreht wird und wie dann der Apostel mit dem Kopf nach unten langsam stirbt. Merkwürdig noch, wie sie dann die vielen Zuschauer dieses grausamen Theaters beschreiben kann, nach ihrer Kleidung, nach ihrer Haltung und ihrem Benehmen. Da klopft's an der Türe – Pfarrer Naber bricht seine Erzählung ab – und nun kommt sie selbst herein, die längst Erwartete: die Resl von Konnersreuth. Ein mittelgroßes, schmächtiges Mädchen mit freundlichem, sympathischem Aussehen, etwas blaß, dessen rundliches Gesicht beherrscht wird von zwei großen, dunklen und tiefliegenden Augen von weicher Güte und von einer ungewöhnlich verstehenden Intelligenz. Sie trägt ein schwarzes Kleid, schwarze Schürze und weißes Kopftuch; schwarze Stutzel an den Händen verbergen ihre sonst gut sichtbaren Wundmale an den Händen und ihr langsamer Gang auf den Kanten der Fersen verrät die Wundmale der Füße. Freundlich geht sie auf jeden von uns zu und reicht ihm die Hand, besonders herzlich ist die Begegnung mit Dr. Gerlich und Professor Wutz, die sie schon von früher her kennt. Mich frägt sie nach meiner Herkunft, nach meiner Pfarrei und ihrer Seelenzahl. „Also noch größer wie die unsrige, da haben

Sie aber eine große Verantwortung", meint sie; unser Schwobaländle kennt sie nicht. Einer von uns frägt sie nach ihrem Alter, da antwortet sie, schalkhaft lächelnd wie die meisten ihres Geschlechtes: „Wissen's denn nöt, daß man dös ein Frauenzimmer nie fragen soll; so Anfang dreißig." Draußen im Freien stauen sich die zahllosen Neugierigen und wollen in den Pfarrhof herein. Und der Zustrom wird immer größer; es ist ja Donnerstagabend. Heute ist sie schon recht müde. „Meine Herrschaften, seid's mir nicht bös", meint sie entschuldigend, „i bin heut scho recht müd, weil soviel Leut schon dagwesen sind und hab immer redn müssn!" − Und mit leichtem Händedruck nimmt sie von einem von uns Abschied und begibt sich durch eine Nebentüre hinaus ins Freie, aber auf einem Nebenweg sucht sie der gaffenden Menge auszuweichen, heim ins Vaterhaus, um sich jetzt dort in ihrer stillen Kammer vorzubereiten auf das Miterleben der Passion ihres Heilandes. Was sie jetzt dann alles mit ihrem hellseherischen Auge erschaut und wir persönlich mitangesehen und miterlebt, darüber nachstehend.

Freitagmorgen. In Konnersreuth ist alles auf den Füßen; die

Straßen sind überfüllt. Die Polizei stellt vor dem Hause Neumann die Menschenmenge in Viererreihen auf, die langsam, aber in fortwährender Bewegung an dem Bette der Stigmatisierten vorüberziehen. Nachdem wir Geistliche in der Pfarrkirche unsere hl. Messe gehalten hatten, lud uns Pfarrer Naber wieder in sein Pfarrhaus ein und erzählte uns hierbei von der Passion der Resl in der vergangenen Nacht. Um die mitternächtlichen Stunden beginnt meist ihre Passion mit der Vision von der Todesangst Jesu am Ölberge, der Gefangennahme, den ersten Verhören und der Verspottung im Kerkerhofe; dabei seien nur die Angehörigen der Familie, manches Mal er, der Pfarrer, und einige besondere Gäste anwesend. Er berichtete uns dann auch von der ganz merkwürdigen Tatsache ihrer Sprachengabe, aber nur während ihrer Visionen; auffallend, daß dann Resl Sprachen und Dialekte spricht, die nur wenige in Deutschland beherrschen, so z. B. die verschiedenen jüdischen Dialekte: das Aramäische der damaligen Volkssprache, das Galiläische der Apostel, das Hebräische der Priester, ebenso das Lateinische der Römer. Anwesende Sprachgelehrte, die zur Prüfung gerufen worden seien, wie die bekannten Autoritäten der Evangelischen Theologie, die Professoren Dr. Bauer, Halle, Dr. Kittel, Leipzig, Dr. Dahlmann, Berlin, wie der Alttestamentler Prof. Dr. Wutz vom Priesterseminar in Eichstätt, seien sprachlos dagestanden. Wer hat dem ungebildeten Bauernmädchen von Konnersreuth diese Sprachen gelehrt? Professoren und Altertumsforscher, die schon jahrelang in Jersualem und Rom gearbeitet, können nicht genug staunen, wie dieses unbewanderte Mädchen aus dem Volke die Stadt des alten Jerusalem, die Einteilung des Herodianischen Tempels, dann Stadt und Umgebung von Rom beschreiben kann, als ob sie dort zu Hause gewesen wäre.

Wir sind alle gespannt, nunmehr persönlich die Visionszustände der Therese Neumann mit eigenen Augen und Ohren zu erleben. Es ist vormittags ½11 Uhr! Als Glieder einer langen Prozession können jetzt auch wir das Haus Neumann betreten. Wir blicken durch die offene Türe in die Wohnstube hinein, wo Vater Neumann mit seinem jüngsten Buben auf dem Tische sitzt und schneidert. Wir werden nun von der Polizei in das obere Stockwerk geführt; hier ist das Zimmer der Resl. Früher eine kleine, armselige Kammer, jetzt aber nach dem Umbau ein heller, geräumiger Wohnraum, immer mit frischen Blumen geschmückt. Ein Kanarienvöglein im Käfig, Goldfischlein im Wasser, ein zahmes Lämmlein im Hausgang sagen uns, daß Resl nicht bloß Blumen-, sondern auch Tierfreundin ist.

Wir treten ein, mit einer gewissen Spannung und inneren Aufregung. Resl liegt im Bett, blühend weiß wie eine Heilige, halb wieder sitzend, die Arme vor sich ausgestreckt; sie sind noch ruhig, wie in der Luft irgendwo festgehalten. Wir erschrecken: Unaufhörlich rinnt jetzt das Blut, rubinrot, unter ihren Kopfhaaren hervor wie auch aus den Augenhöhlen und rötet ihre Wangen und Halstuch. Das Gesicht, vom weißen Kopftuch umrahmt und von den Blutrinnen aus den Augen wie vergittert, ist erhoben und scharf auf etwas gerichtet wie der Kopf eines horchenden Blinden, der für irdische Sichtbarkeiten keine Orientierung hat und nur in seiner Seele lebt und sieht. Während die anderen in langsamer Bewegung an dem Bett vorübergehen müssen, dürfen wir vier Geistliche in der Ecke stehenbleiben und noch einige Minuten länger verweilen, unseren Blick unverwandt auf Resl gerichtet. Pfarrer Naber erklärt uns: „Jetzt ist sie gerade mit dem Heiland auf dem Kreuzweg und erlebt die Station mit Simon von Cyrene. Da jammert und stöhnt sie laut und seufzt: „Dös Kreuz ist so schwer, und so hoaß ist's, i kann's fast nimmer dertragen." Da sieht sie Simon vom Feld hereinkommen; sie winkt ihm, er solle näherkommen und helfen. Und nun schimpft sie ihn, weil er nicht schnell genug macht und „jezet dös Kreuz gar nöt gschickt trägt." Sie kommen über eine Wasserrinne, der Heiland fällt, Simon kommt auch nicht recht nach. Da erspäht sie in der Volksmenge die beiden Buben Simons, die eben mit dem Vater heimgehen wollten. „Jezet geht's halt her und helfet auch dem armen Mo (= Jesus)! — Jezet laufens wieder dervo und heulen; — ja bleibts doch da, Buben!" — Die Buben bleiben und helfen tragen; Resl lobt sie, der Heiland segnet sie; jetzt ist sie zufrieden. – Da auf einmal verzerrt sie schmerzhaft ihr Gesicht und stöhnt und weint. Mutter Neumann, eben auch ins Zimmer gekommen, frägt sie: „Ja, Resl, was hast denn jetzt? Was tut dir so weh?" – „Ja, die Dörner, die Dörner", und greift nach der Stirne, um die Dornen der Krone aus ihren Haaren zu ziehen. Das Stöhnen wird immer lauter, der Schmerz immer größer, das Bluten von Stirn und Augen immer stärker. Das Gesicht wird marmorweiß, die Augen sind halbgeöffnet, mit Blut unterlaufen; todesmatt und müde sinkt sie ins Bett zurück. Wieder kommt die Mutter und kühlt ihr die heiße Stirn mit feuchtem Tüchlein. – Wieder eine lautlose Stille. – Unsere fünf Minuten sind um und wir verlassen das Zimmer, tief erschüttert von dem, was wir gesehen.

½1 Uhr mittags. – Pfarrer Naber ruft uns Geistliche wieder in das Zimmer der Leidenden mit dem Bemerken, daß jetzt die Kreuzigungsszene beginne; das Erschütterndste, was man in Konnersreuth erleben kann. Blutüberströmt leuchtet jetzt ihr Antlitz aus dem weißen Kopftuch, über dem Gesicht liegt ein furchtbares Weh unsagbaren Mitleids mit dem, der soeben hingestreckt wird auf das Holz des Kreuzes. Man fühlt direkt, mit welcher – bis ins Detail gehenden – Schärfe, Tiefe und Vollständigkeit sie das ganze grauenvolle Drama auf Kalvaria erschaut und zugleich erlebt. Immer neues, frisches Blut perlt über die Wangen und färbt Kopftuch, Hemd und Kissen. Das Verzerren des Gesichtes wird immer grauenhafter, ein Vibrieren und Zittern des ganzen Körpers; ein stilles, hilfloses Wimmern und Weinen im Innern. „Jetzt schaut sie die Annagelung." – Die Finger fangen an, unablässig und krampfhaft sich zu bewegen und erinnern ganz an die Reflexbewegungen wirklich Gekreuzigter. Jetzt zucken die Füße, bei jedem Hammerschlag ein neues krampfhaftes Zucken der Beine, daß es durch die Federdecke sichtbar wird. – Herzzerreißende Augenblicke! – Jetzt brechen alle Wundmale auf und fangen an, furchtbar zu bluten. – Und nun wendet sie manchmal ihren Kopf, bald abwärts schauend zu den Juden, vor Verachtung über sie, weil sie noch höhnen und spotten können; bald seitwärts schauend nach rechts in scharfem Horchen, was der rechte Schächer eben sagt; linkswärts schauend voll Unmut über den lästernden anderen Schächer und ihm winkend mit der Hand, er solle es doch auch so machen wie der rechte und sich bekehren; dann wieder abwärts schauend, zutiefst ergriffen und laut stöhnend. Pfarrer Naber frägt sie: „Resl, was hast denn jetzt?" − „Oh, die arme Mutter!" − Dann zieht sie auf einmal den blutigen Mund zusammen vor Fieber und Durst. „Mich dürst's." − Es schlägt vom Kirchturm überm Marktplatz ¾1 Uhr. Es geht dem Ende zu. Jesus stirbt und sie mit ihm. Das Auge ist schon gläsern und ganz gebrochen, der Mund blaß und bleich geworden, zittert zum letzten Lispeln: „Es ist vollbracht!" und bleibt halbgeöffnet. Ein letztes Durchschauern des Körpers, ein sich Dehnen und Strecken, daß die Muskeln krachen, ein fahles Verblassen der letzten Farben im Gesicht, ein letztes verzweifeltes Ringen der kraftlosen Arme −, dann fällt sie, wie von unsichtbaren Händen ausgelassen, ins Bett und Kissen zurück − wie eine Leiche; kein Zittern mehr, kein Zucken mehr, kein Atmen mehr, daß man wirklich schon meinte: jetzt ist sie tot. − Verklärt, wie eine Heilige, liegt sie da. − Totenstille auch draußen in den Gängen. Sprachlos verläßt man das Zimmer, alles ist zutiefst gerührt.

Am Freitagabend besuchte ich nochmals das Haus Neumann; Therese lag immer noch starr und regungslos auf ihrem Lager, jedoch konnte ich bereits ein ganz leises, inneres Atmen vernehmen. Die Mutter war gerade beschäftigt, das von Blutrinnen und Blutkrusten ganz bedeckte Gesicht zu reinigen, mit verborgenen Tränen des Mitleids mit ihrem armen Kinde; eine Schwester trägt gerade ein ganzes Waschlavor voll Blut die Stiege hinunter und zeigt mir die blutdurchtränkte Bettjacke von dem Wundmal der rechten Seite; eine Krankenschwester reinigt die vom Blut vollständig verpichten Haare. Merkwürdigerweise − über die Freitag- auf Samstagnacht hat sich unsere Resl wieder ganz gut erholt und − kaum zu glauben − am Morgen ist sie wieder die gleiche, frische, gesunde, plaudernde und lächelnde Resl, wie man sie am Donnerstagabend traf. . . , bis es wieder Donnerstagnacht wird und ein Mensch von neuem anfängt, am Kreuze zu sterben . . .

92

In Bayreuth

Von Konnersreuth führte mich der Weg in das nicht allzuweit
entfernte Bayreuth, wohin mich Familie Wagner zu den Festspielen eingeladen hatte. „Ja, wie kann man denn Konnersreuth und Bayreuth unter einen Hut bringen?" fragte mich ein
Amtsbruder auf der Fahrt, „das sind doch zwei ganz verschiedene Welten!" − Und doch nicht! Freilich hätte ich ihm
anfangs fast rechtgeben müssen: Vormittags noch in dem
schlichten Bauerndorfe mit seinen armseligen Bewohnern und
nachmittags in einem Gala-Milieu von Herrschaften in Samt
und Seide − und doch hatte ich bald empfunden, gar als der
Theaterraum sich verdunkelte und eine lautlose, feierliche Stille
rings um mich war, daß dennoch eine gewisse Verbindung
besteht zwischen dem, was die Seherin von Konnersreuth in
geheimnisvoller Vision erschaut und dem, was sich auf dem
Festspielhügel von Bayreuth in einer weihevollen „Parsifal"-
Aufführung abspielt. Werden doch die höchsten Geheimnisse
des Christentums in diesem „Bühnenweihefestspiel" − „ein
einmaliges religiöses Kunstwerk, ein Christusdrama", wie es
der bekannte Musikhistoriker Prälat Dr. Kluger von Kloster-
neuburg nennt − uns nahe gebracht. Das Kreuz von Golgatha,
der Kelch mit dem göttlichen Blute beherrschen gleichsam das
ganze Spiel; Karfreitagszauber erfaßt Orchester, Bühne und
Zuschauerraum. Wie erinnert Parsifal, „durch Mitleid wissend,
der reine Tor", an die durch Mitleid wissende, reine Magd aus
Konnersreuth; wenn dann feierlich im Orchester die Glau-
bens- und Gralsmotive ertönen, melodische Glocken und Har-
fen erklingen, die Gralsritter in heiliger Andacht zum Abend-
mahle sich versammeln, der heilige Speer die brennende
Wunde schließt, da wird wirklich „Parsifal" zum musikalischen Nachspiel von dem Geschehen in Konnersreuth. Darum
konnte auch Dr. Rothes seinerzeit in der „Germania" begeistert schreiben: „Als ich das letzte Mal Richard Wagners
„Parsifal" in Bayreuth erlebt hatte, erinnerte mich die zweima-
lige Feier heiligster Geheimnisse in der Gralsburg an ein hoch-

feierliches Pontifikalamt, dem ich einst im Petersdom des ewigen Rom beiwohnen durfte. Hier wie dort der märchenhafte Zauber, der blendende Glanz der Stätte der Gottesverehrung. Wie dort die Kardinäle im roten Talar den Hochaltar umgaben, so hier die Gralsritter im wallenden, roten Mantel. Und wie von der Peterskuppel, im Wechselgesang mit dem unten stehenden Männerchor, Hunderte von Knabenstimmen ihren Engelsgesang durch die geweihten Riesenhallen schwellen ließen, so respondierte zu dem wunderbaren Abendmahlschore der Gralsritter aus der Höhe der Gralskuppel der engelreine Sang der Knabenstimmen: „Selig im Glauben, selig in Liebe", „Nehmt hin mein Blut um unserer Liebe willen; nehmt hin mcinen Leib, auf daß Ihr mein gedenkt!" Und wenn dann ein zweiter Knabenchor aus der obersten Höhe der Kuppel in kristallklarer Reinheit singt: „Der Glaube lebt, die Taube schwebt, göttliche Botin des Erlösers. Kommt und nehmt das Brot des Lebens!" Da ist alles im Festspielhaus ergriffen, selbst der große Toscanini, der heute am Dirigentenpult steht.

Sonntagmorgen. Um 8 Uhr hielt ich in der kleinen, bis auf den letzten Platz gefüllten Schloßkirche meine hl. Messe, konnte aber dann wegen der fürchterlich heißen Enge dort kein Plätzlein finden, um ungestört mein Brevier zu beten, weshalb ich mich in die nahe protestantische Stadtkirche flüchtete, wo ich in großem, kühlem Raum, bequem in einem Polsterkirchenstuhle wie in einem Lehnsessel sitzend, ganz unbehelligt mein Pflichtgebet absolvieren konnte; ein freundlicher Mesner brachte mir sogleich ein Gesangbuch, das dann friedlich neben meinem römischen Breviere auf dem Kirchenstuhle lag. Darnach wanderte ich durch die stattliche Richard-Wagner-Straße zur Villa Wahnfried. Ein wenig beklommen ist einem ums Herz, wenn man das eiserne Gittertor der Parkmauer der Villa Wagner durchschritten hat. In großen Lettern leuchtet an der Hauswand der Spruch Richard Wagners, den er sich als Symbol für dieses letzte Heim gewählt: „Hier, wo mein Wähnen Frieden fand, Wahnfried sei dieses Haus von mir benannt." Über die wenigen Stufen, die zum Hauseingang führen, sind Kaiser und Könige, Fürsten aus allen Erdteilen und die größten Geister aus dem Reich der Kunst geschritten. Hier zu klingeln, kostet gerade einen Entschluß, besonders noch für einen einfachen Bauernpfarrer aus Oberkammlach. Man spürt es förmlich, daß man jetzt eine selten eindrucksvolle Stunde erleben würde. Wie im Traume gelangt man durch die große Eingangshalle, aus deren Ecken die Büsten des großen Meisters, Frau Cosimas, Siegfried Wagners, Franz Liszts grüßen.

Und nun öffnet sich eine Seitentüre und die Herrin des Hauses, Frau Winifred Wagner, eine hoheitsvolle und stattliche Erscheinung, begrüßt mich aufs herzlichste wie einen alten Bekannten, auch die vier Kinder Wagners, die beiden blonden Buben Wieland und Wolfgang – die heutigen Festspieldirektoren – sowie die zwei drolligen Mädchen Friedelinde und Verena geben dem Geistlichen Herrn die Hand, nur das Jüngste, Verena, fürchtet den schwarzen Mann etwas und zieht sich hinter die Rockschöße der Mama zurück. Der Herr Papa hat mich nun auch gehört und kommt herein: Siegfried Wagner, ein kleiner, bescheidener Mann, in seinem obligaten Wollsweater mit Ledergurt. „Ja, Herr Pfarrer, grüß Gott, das ist aber nett, daß Sie wieder nach Bayreuth gekommen sind! Aber jetzt muß ich Sie gleich etwas fragen: Ja, müssen Sie denn heute, Sonntag, nicht daheim sein in Ihrer Gemeinde und für Ihre Pfarrkinder den Gottesdienst halten?“ – „Eigentlich schon, aber ich hab’ für Aushilfe gesorgt.“ – „Wissen Sie, Herr Pfarrer, ich könnte mir einen Sonntag auf dem Lande gar nicht anders vorstellen, als mit dem Pfarrer in seiner Gemeinde.“ – Diese Standeslehre im Hause Wagner habe ich eigentlich seitdem nie vergessen und wohl beherzigt! – An jenem Vormittag hatte ich dann noch die äußerst seltene Gelegenheit, die alte „Herrin von Bayreuth“, Frau Cosima Wagner, die 89jährige Witwe Richard Wagners, kurz besuchen zu dürfen; die ehrwürdige Frau, noch ganz auf ihrem Gesichte die Züge ihres Vaters, Franz Liszt, tragend, lag ganz apathisch, hilflos wie ein Kind, in einem Lehnsessel auf dem Balkon ihres Zimmers. Frau Eva Chamberlain, ihre Tochter, hatte mich

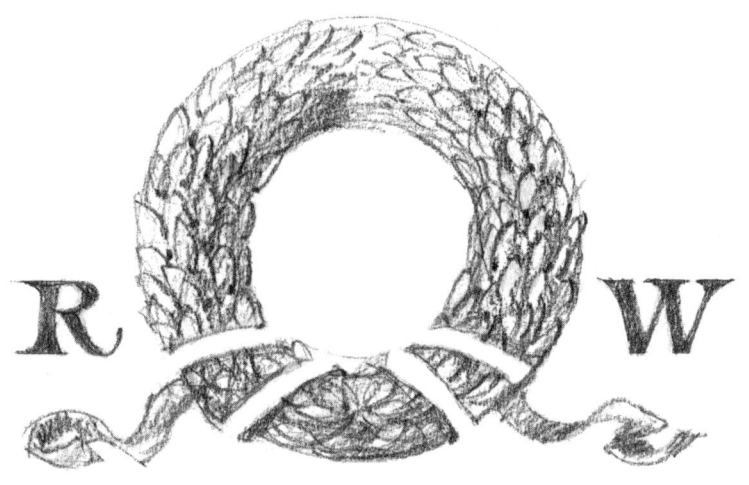

begleitet und ersuchte mich dann, am nächsten Tage die
gestiftete Jahresmesse zum Todestage ihres Großvaters Liszt zu
halten, der im Juli 1886 als Mitglied des III. Ordens in
Bayreuth verstorben war; traditionsgemäß hatten an dieser
hl. Messe fast alle Mitglieder der Familie Wagner-Bülow teilgenommen.

Nach dem Besuch des Hauses Wahnfried noch ein Gang zum
Grabe des unsterblichen Meisters, der auf seinen speziellen
letzten Wunsch hin in seinem Garten die letzte Ruhestätte
fand; darauf eine von Efeu umwucherte Marmorplatte mit
einem Bronzekranz und seinem Namen. In der Festspiel-
zeit wird diese einsame Größe immer gestört durch allerlei
Schleifen und Widmungen, Kränzchen und Sträußchen, Visi-
tenkarten und Bildern aufdringlicher Verehrer und Verehrerin-
nen, meist aus dem Auslande. Maler und Zeichner sitzen

umher, Photo-Kameras knipsen in einem fort. Herrliche Linden und riesige Platanen des ehemaligen Hofgartens beschatten leise rauschend das Grab.

Nach einigen Jahren kam ich wieder nach Bayreuth, wo inzwischen große Veränderungen eingetreten waren: Im Hause Wahnfried zwei harte Verluste durch den Tod von Frau Cosima Wagner (im Alter von 93 Jahren) und von Siegfried Wagner (61 Jahre) in ein- und demselben Jahre 1930; Frau Winifred war nunmehr die Hüterin des Erbes von Bayreuth geworden. Und nun taucht einer auf, der auch hier eine große Rolle spielen sollte: „Dr Hitler." – Denken Sie sich, meldet mir eines Morgens mein Quartiergeber, der Kriminaloberkommissar L. v. B., „heute haben Sie großes Glück: heute trifft der Führer ein und kommt wahrscheinlich auch ins Theater; eben haben wir von der Polizei die Meldung empfangen." – Ich erschrak; denn ich fürchtete jetzt um meinen „Lohengrin", ich hatte nämlich von Frau Wagner, da das ganze Theater für heute schon lange ausverkauft war, eine Berechtigungskarte für ihre reservierte Loge (fürs Haus Wahnfried) empfangen; sie meinte noch: „Da können Sie ruhig hingehen, von unserem Hause kommt heute niemand hinein und von der Regierung oder Partei ist niemand angesagt, freilich in die erste Reihe vornehin, bitte ich Sie, nicht zu sitzen!" – „Selbstverständlich nicht!" Aber ich freute mich schon wirklich, einmal „fürstlich" sitzen zu können, und jetzt soll mir die ganze Freude ins Wasser fallen. „Ganz ausgeschlossen, daß Sie da in diese Loge kommen", meinte der Herr Kommissär. „Da werden Sie sich schon um einen anderen Platz umsehen müssen!" – Sofort eilte ich zur Villa Wagner hinaus, kam aber nicht weit, weil der ganze Stadtteil schon von der SS abgesperrt war.

„Er" war schon da. – Nun riet man mir, vielleicht geht's durch telefonischen Anruf. – Also los! – Nach langem Warten erhielt ich von Frau Wagner den Bescheid: „Sie können trotzdem kommen, ich lasse für Sie einen Stuhl in die Ecke unserer Loge stellen, aber Sie müssen sich eine halbe Stunde vor Theaterbeginn bei Obergruppenführer Schaub vorstellig machen." – Der erste Stein war vom Herzen gefallen, aber die anderen noch nicht. So walzte ich also nachmittags um 3 Uhr — wohl der einzige Festspielgast als Fußgänger — zum Theaterhügel hinaus und mußte zuletzt über einen großen abgesperrten Platz, direkt Spießruten laufend, weil eben alle anderen angefahren kamen. „Halt, halt, wohin?" rief es von allen Seiten. Polizei, Gendarmerie, SA und SS stürmte auf mich los. „Ja, zum Herrn Obergruppenführer Schaub!" Also führten mich zwei Polizisten zum allgewaltigen Herrn Schaub, der die Verantwortung für die persönliche Sicherheit des Führers trug. Wie die Steingötzen von Ninive standen rechts und links vom Eingang die langen, großen schwarzen Mannen der SS, mit keiner Wimper zuckend. Ich trat ein. „Sind Sie der Pfarrer Herb?" — „Ja" — „Haben Sie Schuß- und Stichwaffen bei sich?" — „Nein" — „Erklären Sie sich zu einer Leibesvisitation bereit?" — „Jawohl!" — „Gut, Sie können sofort die Loge betreten!" — Der zweite Stein fiel mir vom Herzen. — Nun sitze ich noch allein in der großen Loge, wenn auch bloß in der Ecke, aber direkt an der Türe, so daß alle Prominenten hart an mir vorübergehen müssen. Es hat noch fünf Minuten bis 4 Uhr, da höre ich schon von der tausendköpfigen Menge drunten auf dem Platze die lauten Rufe: „Heil, heil, heil!" Schon dringen die Rufe bis ins Theater herein: „Er" kommt. Welche Spannung! Alle meine Pulse schlagen. Das ganze Theater erhebt sich von den Sitzen, und schon kommt er herein, hart an mir vorüber, wirft mir einen nicht unfreundlichen, aber durchbohrenden Blick zu und geht an seinen Platz an der Rampe vor. Er trägt heute braune Uniformjoppe und schwarze Hose, seine obligaten Simpelfransen sind diesmal sehr artig zurückgekämmt. Vor ihm ging der finstere Schaub in Schwarz, hinter ihm der große Adjutant Brückner in Braun, neben ihm die Herrin des Hauses, Frau Winifred Wagner, mit ihren Töchtern, dann kamen ihre beiden Söhne, der dicke Dr. Ley und noch zwei mir unbekannte Goldfasanen, weiterhin die anderen Damen in Begleitung, Frau Emmy Göring-Sonnemann und Frau Magda Goebbels in ihren duftenden, weißen Seidenroben an mir vorüberrauschend, zuletzt noch ein zierliches Ding, unauffällig, vermutlich Eva Braun.

Nachdem das ganze Theater „Heil, heil, heil" gebrüllt und „er"
sich nach allen Seiten verneigt hatte, verdunkelte sich der
Zuschauerraum und schon begannen in zartestem Pianissimo
die Flöten und Violinen das Vorspiel zu „Lohengrin". Mir aber
war inzwischen in diesem ungewohnten Milieu die Luft schon
recht dick geworden und schwül. Der Schweiß der Aufregung
perlte mir von der Stirne über die Wangen herab, und wie gerne
hätte ich nach dem Taschentuch in meinem Rock gegriffen,
aber jede Bewegung, jeder Griff wurde von den hinter uns
stehenden schwarzen Schutzengeln der SS mit scharfen Argusaugen beobachtet und registriert, und es dauerte nicht mehr
lange, da ist mir der ganze Appetit an den Delikatessen des
Lohengrin vergangen. Endlich, endlich geht der 1. Akt dem
Ende zu. Der Jubelgesang der Elsa „O fänd ich Jubelweisen"
und der Jubelchor der Bühne ist bis in meine enge Loge
gedrungen, und ich habe wirklich mitgejubelt, als der Vorhang
fiel und ich wieder frische Luft bekam. Eine Stunde Pause! Die
ganze Prominenz zog wieder an meinem Sessel vorüber, und
als ich endlich allein war, packte ich meinen Stuhl und wanderte aus in die nebenliegende Loge, wo die „Kleinen Prominenten", meist Leute vom Film, von der Bühne und der Presse
— manche kannten mich — mit verhaltenem, verständnisvollem
Lächeln mich freundlich aufnahmen. Jetzt erst hab' ich wirklich „Lohengrin" gesehen und gehört. — Am Abend dann ging
es in die „Eule", ein bühnenhistorisch interessantes aber einfaches Lokal in einer Winkelgasse, wo meist nach den Festspielen
die Mitwirkenden, die sich eben noch auf der Bühne erschlagen
und erstochen haben, jetzt in friedlicher Harmonie nebeneinander saßen bei Kalbshaxen und Kulmbacher Bier, brüderlich
vereint in zwangloser, etikettenfreier Unterhaltung mit den
Festspielgästen wie mit den Angehörigen der Familie Wagner.
Nach diesen vielerlei Erlebnissen und Eindrücken ging es
wieder der Heimat zu, dem stillen Kammeltale. Und was Elsa
nach ihrem freudigen Wiedersehen mit „Lohengrin" im Bayreuther Festspielhaus gesungen hatte: „O fänd ich Jubelweisen!", war jetzt auch meines Herzens Melodie, als ich den
Kammler Tura wiedersah.

Von Bayreuth nach Konnersreuth

Dreißig blühende rote Nelken in grünem Gebinde grüßten mich bei meiner Ankunft hier, dazu ein hübsches Täfelchen von Alt-Bayreuth und ein Handschreiben des Oberbürgermeisters als „Anerkennung der Stadt für eine dreißigjährige Verbundenheit mit Bayreuth und dem Werk Richard Wagners." — Dies sei erwähnt zu meiner Legitimation; denn aus den vielerlei Zuschriften, die ich seinerzeit nach Veröffentlichung der Artikelserie „Von Konnersreuth nach Bayreuth" erhielt, ersah ich, daß sich mancher Leser vielleicht wunderte, wie denn ein Bauernpfarrer aus dem Dorfe Oberkammlach über Bayreuth und Richard Wagner etwas schreiben kann. Manche meinten wieder, es würde sie noch mehr interessieren, wie es jetzt in Bayreuth und Konnersreuth wohl ausschauen mag; darum mein heutiger Bericht: Von Bayreuth nach Konnersreuth! Es war am 21. 8. 1954, in 4½ Stunden Fahrzeit erreichten wir von hier aus Bayreuth. Die ganze zivilisierte Welt blickt jetzt wieder auf die kleine, altertümliche Frankenstadt. Ungebrochen durch alles, was in Hitler- oder Kriegszeiten geschehen oder unterlassen wurde, unbeeinflußt auch von den Irrtümern und Fehlgriffen der letzten Herrin von Bayreuth, erweist sich erneut der ganze magische Zauber des Richard Wagner-'schen Werkes. Jahrelang stand das große Haus am grünen Hügel, das Festspieltheater, leer und verlassen da. Nun in der ersten Zeit nach dem Kriege hat es die Besatzungsmacht zu Darbietungen von Revuen und Varietés und dergl. zu benutzen gewagt, bis die Amerikaner selbst die traditionsbeladene, weihevolle Stätte mieden. Wie nicht wenige Häuser der Stadt nur mehr als Ruinen des Krieges heute verödet dastehen, ist auch Wahnfried, die Villa Wagner, nicht verschont geblieben; durch wohlgezielte Bombenabwürfe zur Hälfte vom Feuer eingeäschert, blieb es jahrelang ohne schützendes Notdach, und die historischen Räume, in denen ein „Parsifal" entstand, in denen sich einst die ganze musikalische Welt Europas begegnete und in denen jahrzehntelang das Herz der Festspiele schlug, waren

jahrelang schutzlos Schnee und Regen und dem Verfall preisge-
geben. Die Herrin des Hauses — dreißig Jahre lang —, Frau
Winifred Wagner, wohnte noch in einem schlichten Bau-
ernhause außerhalb Bayreuths, im 2 Stunden entfernten Ober-
warmensteinach, „im Exil"; sie schrieb mir damals am 1. 8. 46:
„Ich wohne jetzt mit Wolfgang und meinen lb. Enkelkindern
in einem kleinen Dorf im Fichtelgebirge, mit einer Ziege,
Hühnern und Karnikeln zusammen und obendrein in einem
Häuschen mit 16 Einwohnern. Aber ich habe ein gutes Gewissen, und wenn ich mich in den ursprünglichen Zielen des
Nationalsozialismus geirrt habe — und Irren ist menschlich —,
so glaube ich, daß ich niemals und niemandem etwas Unrechtes
getan habe." — Das mußte ihr auch die Spruchkammer Bayreuth ganz lassen, die sie zuerst als Hauptschuldige in ein
Arbeitslager einweisen und nahezu ihr ganzes Besitztum
beschlagnahmen wollte. Durch die vielen Entlastungszeugen,
meist politisch, religiös und rassisch Verfolgte, denen sie zu
Recht und Freiheit verhalf, wurde das strenge Urteil gemildert,
eines aber blieb — und das war ihr bitter schwer gefallen: der
Zutritt in ihr teilweise wieder aufgebautes Wahnfried und auch
ins Festspielhaus blieb ihr jahrelang verboten.
Als jedoch ihre beiden Söhne Wieland und Wolfgang im
Sommer 1951 die Festspiele wieder eröffnen konnten, wagte es
Frau Wagner doch — auf viele Bitten und Vorstellungen hin —,
das Festspielhaus zu besuchen. Es war bei der ersten Auffüh-
rung nach der jahrelangen Pause, bevor der Vorhang sich zum
„Parsifal" erhob, da auf einmal eine große Spannung im gan-
zen Theater: Frau Wagner kommt! Und als sie, merklich
älter geworden, mit ergrauten Haaren, in einfachem
Gewande, aber aufrecht und würdevoll wie immer, den
Zuschauerraum betritt, da erhob sich das ganze Theater, ein
Jubelrufen, ein Händeklatschen, ein Tücherschwenken, eine
Stimmung: viele hatten Tränen in den Augen, ein Empfang,
wie ihn das Festspielhaus in den 75 Jahren seines Bestehens
wohl nie erlebt. Und seitdem kommen wieder alljährlich ungezählte Festspielbesucher aus aller Herren Länder nach Bayreuth — schon für sich eine große Sehenswürdigkeit: die

Auffahrt, die Promenade in den Pausen, die vielen Prominenten, von Hunderten von Zuschauern aus der Stadt und Umgebung bestaunt — und füllen das große Theater auf dem waldigen Hügel.

Wieland und Wolfgang, die Söhne, sind jetzt die verantwortlichen Leiter der heute erst recht weltberühmt gewordenen Bayreuther Festspiele. Wieland wohnt mit seiner Familie in dem zum Teil wieder aufgebauten Wahnfried; Wolfgang mit den Seinen im naheliegenden Gärtnerhaus; Verena, die Tochter, ist glückliche Frau und Mutter am Bodensee; Friedelinde, die andere Tochter, die bekanntgewordene Widerstandskämpferin des eigenen Hauses, die seinerzeit Herr Himmler gerne um einen Kopf kürzer gemacht hätte, hat sich wieder mit ihren Angehörigen ausgesöhnt und ist als Gast von Amerika herübergekommen in ihre Vaterstadt Bayreuth.

Die Anziehungskraft Bayreuths verstärkt sich immer mehr. Es sollen schon 45 000 Festspielbesucher gewesen sein; die Spiele waren alle ausverkauft. Was hier geboten wird, dürfte freilich eine andere Bühne nicht leicht leisten können: 48 Solisten, auserlesene Sänger und Sängerinnen mit den schönsten Stimmen aus aller Herren Länder, 4 Generalmusikdirektoren (Furtwängler, Jochum, Keilberth und Knappertsbusch, die berühmten Meister des Taktstockes) und 31 andere Leiter in Musik, Regie und Inszenierung, 166 Orchestermusiker, 130 Gesangschormitglieder (29 Soprane, 22 Alt, 45 Tenöre und 34 Bässe), 51 der Festspieltanzgruppe, 133 Bühnenarbeiter, 48 Verwaltungsangestellte = zusammen 611 Personen. Darum kann man auch begreifen, warum seinerzeit Frau Winifred Wagner auf die vielerlei Honorationen und Zuweisungen Hitlers und seiner Kassen nahezu angewiesen war, wie es seinerzeit auch Richard Wagner war seinem großen Wohltäter Ludwig II. gegenüber, ohne den wir ja keinen Nibelungenring, keinen Siegfried, keine Götterdämmerung, keine Meistersinger und keinen Parsifal hätten.

So sind wir also auch aus dem Schwobaländle nach Bayreuth gekommen und haben uns neben die hohen, mehr oder weni-

ger schön „eingeschläften" Herrschaften aus Europa und
Asien, aus Amerika und Afrika, aber alle in Gala glänzen
wollend, hingesetzt, um diesmal den „Tannhäuser" und den
„Lohengrin", die altbekannten Opern in ihrer neuen Gewan-
dung an unserem Aug' und Ohr vorüberziehen zu lassen. Die
beiden Enkel Richard Wagners haben nämlich die ganze Regie
und Szenerie ihres Großvaters mit all ihrer früher so gerühm-
ten, prunkhaften Ausstattung über den Haufen geworfen und
dafür eine sehr nüchterne, sog. „moderne" Inszenierung
geschaffen, die nun einesteils wohl freudige Zustimmung
gefunden, aber auch andererseits vielseitige, schroffe Ableh-
nung erfahren mußte. So sehen wir z. B. den Tannhäuser, ob
er nun im Venusberg, im Freien vor der Wartburg, im Sänger-
saale oder mitten im Walde stehen soll, immer zwischen vier
leeren Wänden stehend. Da konnte ich es begreifen, wenn ein
biederer Stuttgarter neben mir meinte: „Hanno, wenn au
alles so recht und schön isch, aber um 40 Mark Eintrittsgeld
dürft ma scho a bisla mehr sehe!" — Auch die neugestaltete
Regie Wieland Wagners hat manche nicht ganz unbegründete
Kritik hervorgerufen. Merkwürdig z. B., wie die Rom-Pilger,
alle mit Tonsur auf dem Haupte und mit dem Kreuz in der
Hand, wohl ergreifend schön singend, aber militärisch streng
im Rhythmus des Badenweiler Marsches über die Bühne
stampfen; merkwürdig, wie Elisabeth ihr inniges Gebet vor
einem Muttergottesbilde zum Himmel senden soll, das man
aber nirgends findet, und Wolfram den holden Abendstern
besingen soll, den er aber nirgends sieht. Merkwürdig dann die
heutige Gestaltung des Tannhäuser-Schlußbildes: Nach der
Regievorschrift Richard Wagners soll der Trauerzug mit dem
offenen Sarge der hl. Elisabeth, geleitet von den Pilgern mit
Fackeln in den Händen, sich von der Wartburg herunterbewe-
gen durch die traurig gestimmte herbstliche Natur in die Tiefe
des Tales, nur sieht man aber heute keine Wartburg, keinen
Trauerzug, keine Elisabeth, keine herbstliche Natur, dafür
sieht man im Hintergrund der Bühne einen in gewaltigen
Ausmaßen gebauten Aufsatz (ähnlich dem hl. Grabaufsatz in
unseren Kirchen) mit zahllosen rotflammenden Leuchtkörpern

neben- und übereinander, von denen man nicht klar wird, ob es leuchtende Engels- oder Menschenköpfe oder geisterhafte Himmelskörper sein sollen. – Doch fühle ich mich als einfacher Zuschauer vom Lande nicht so ganz befugt, über alle diese Dinge zu rechten und zu richten. Auf jeden Fall war der Gesamteindruck der Oper mit der erstklassigen Besetzung der Hauptrollen (bes. der Tannhäuser des Amerikaners Vinay, die Elisabeth der Holländerin Brouvenstijn), der meisterhaften Direktion Jochums, den wunderbar singenden und spielenden Chor- und Orchestermitgliedern derartig überwältigend und nachhaltig, daß ein jedes sich sagen mußte: Dieser Tannhäuser war ein unvergeßliches Erlebnis!

Eben ist der große Vorhang des Festspielhauses gefallen und ein rauschender Beifall dankt jenen, die bei dieser glanzvollen Tannhäuser-Aufführung auf der Bühne standen. Neben dem Regisseur Wieland Wagner wird auch der Dirigent des Abends, Professor Eugen Jochum, der Münchener Generalmusikdirektor, auf die Bühne gerufen und herausgeklatscht; ich freue mich gerade mit ihm, meinem schwäbischen Landsmann, über seinen Erfolg. Noch am gleichen Morgen hatte er mich, als ich ihn vor der Kirchentüre traf, gebeten, ich möchte ihn besonders heute in mein Gebet und Opfer einschließen; denn heute abend müsse er vertretungsweise den Tannhäuser dirigieren, und zwar ohne jede Probe; keine Kleinigkeit, meinte er, bei diesen ungewohnten akustischen Verhältnissen des Bayreuther Riesentheaters; aber es glückte. – Und so wurde dann der Erfolg noch gefeiert im Festspielrestaurant, wozu ich von ihm eine Einladung erhielt. Freilich wieder ein seltsames Milieu für einen Bauernpfarrer von Kammlach, aber nach einigen anfänglichen schüchternen Herzklopfern fand ich mich auch hier bald zurecht. Allgemeines Schmunzeln ging über den langen Tisch, an dem die meisten Mitwirkenden und ihre Angehörigen saßen, als es jetzt hieß: „Wohin setzen wir den Herrn Pfarrer?" – „Auf jeden Fall nicht neben Frau Venus", meinte lächelnd Frau Wagner; Frau Venus war jedenfalls jetzt „außer Dienst" auch besser „eingeschläft" und hat

sich sehr züchtig und anständig benommen. „Ich weiß", stand
Jochum auf, „wohin mit dem Herrn Pfarrer: neben die hl.
Elisabeth!" Allgemeines Lächeln und Zustimmen! – Es war
die Holländerin Brouvenstijn, eine sehr ernste Künstlerin auf
und außerhalb der Bühne, aber diesmal mußte sie herzlich
lachen.

Am nächsten Tag nun folgte „Lohengrin". Alles war darauf
gespannt, wie die Neuinszenierung dieses Werkes durch den
anderen Wagner-Enkel, Wolfgang Wagner, wohl wirken
wird. Auch er ist neue Wege der Regie und Inszenierung
gegangen, hat aber bei weitem nicht so radikal mit der Tradi-
tion seines Großvaters gebrochen wie sein Bruder Wieland; es
war scheinbar sein Bestreben, einen goldenen Mittelweg zu
finden zwischen der traditionellen und der modernen Bühnen-
gestaltung. Man sah also hier nicht mehr bloß die vier leeren

Wände um eine leere Bühne, man sah jetzt wieder einen Baum, eine Burg, eine Kirche und ein vornehmes Brautgemach und auch den obligatorischen Schwan, den man anfänglich auch opfern wollte; aber die Gralstaube fehlte, und bei der Abschiedsszene am Schlusse sah man nicht mehr, wie früher, Lohengrin aufrecht im Nachen des Schwanes stehend den Fluß zurückfahrend, sondern beide sind einfach plötzlich verschwunden, daß man eigentlich gar nicht wußte, wie das geschah. – Darum konnte ich auch die Zweifel meines Stuttgarter Theaternachbarn verstehen, der da meinte: „Hanno, Herr Nachber, was isch iezt dös mit dem Schwan, hot sie der duckt, daß man nimmeh sieht? Und mit dem Lohengrin, isch der iezt ins Wasser gschprunge und versoffe? Hannoh, wenn man gar it woiß, wie die wegkomme sind." – Auf jeden Fall eine Lücke hier! – Aber trotz alledem: es war ein eindrucksvoller Abend, besonders dank der gottbegnadeten wunderbaren Stimmen der Hauptdarsteller (der Stuttgarter Windgassen sang den Lohengrin, die Schwedin Nilsson die Elsa, der Münchner Uhde den Telramund, die Amerikanerin Varnay die Ortrud, der Berliner Fischer-Diskau den Heerrufer) und vor allem dank der wunderbaren Chöre und Orchesterstimmen, wieder unter der befeuernden Stabführung Eugen Jochums. – Noch lange klangen diese himmlischen Harmonien und Melodien in unseren Ohren nach, auch dann noch, als wir anderen Tages Bayreuth verließen und auf holperiger, schlechter Straße einem anderen „Reuth" zufuhren, nämlich nach Konnersreuth.

Wirklich wieder eine ganz andere Welt! Ja, weltabgeschieden, still und verschlossen, fast unverändert seit meinem letzten Besuch dort, liegt dieses Konnersreuth versteckt zwischen seinen Hügelchen und Wäldchen, mit seinen ärmlichen Häusern und Häuslein und nicht besonders guten Straßen und Wegen. Gleich bemerkten wir auch hier die Häuserruinen und anderen Schädigungen des Krieges, eine Folge des unsinnigen Größenwahns des damaligen Bürgermeisters, der mit der dürftigen SS-Formation in seinem armseligen Nest den Vormarsch der Amerikaner aufhalten zu können glaubte und darum star-

ken Flieger- und Artillerie-Beschuß für sein Konnersreuth erhielt. Konnte man vor 20 bis 25 Jahren noch ein bewegtes Leben in dem Dorfe feststellen, konnte man damals ganze Kolonnen von Fahrzeugen aller Art, Hunderte und Tausende von Passanten auf seinen Straßen zählen, ist es jetzt wieder so still und einsam in Konnersreuth geworden, als ob sich hier nie etwas Außerordentliches zugetragen hätte. Ausgenommen die erste Zeit nach dem Kriege, wo die Besucherkette, hauptsächlich aus dem Kreis der Besatzungsmächte, nicht mehr abriß. Es sollen ja seitdem allein 10 000 Amerikaner, und zwar auch von höchstem militärischen Range dort gewesen sein. Heute sind es vielleicht noch die letzten Tage der Karwoche und die Feiertage des Jahres, soweit kein größeres Heiligenfest oder seine Oktav auf sie fällt, daß sich noch mehrere Besucher einfinden in dem Dorfe mit seiner geheimnisvollen Seherin. Es war gegen Mittag, wo wir bestimmt hoffen konnten, Therese Neumann anzutreffen. Wir fuhren an ihrem Elternhause vor, das von Kriegsschaden auch nicht verschont geblieben, aber jetzt wieder gut instandgesetzt worden ist; ein sauberes Haus mit viel Blumen am Fenster und einem hübschen, idyllischen Blumengärtchen, einer wohlgepflegten Mariengrotte und Gartenlaube im Hintergrund, dem Lieblingsaufenthalt der Resl. Nun betrat ich das Haus und klopfte an die Türe der Stube. Ein mürrisches „Herein"! brummte mir entgegen; es war Vater Neumann, der gerade auf dem Kanapee lag und die Zeitung las; noch sehr rüstig und fast unverändert geblieben, auch noch so ungut und unfreundlich wie damals, mich kaum eines Blickes oder einer Rede würdigend. Ich zog mich gleich wieder zurück, mußte aber dabei unwillkürlich an ein biederes Weiblein meiner Allgäuer Heimat denken, die einmal bei meinem Besuche dort zu mir sagte: „Wisset, eiser Vater, der wird nomma anderscht, der ischt a Molle und bleibt a Molle; und wenn der amol auf seiner Gautsche flacket, no stoht dear nomma auf, au it, wenn dr Pfarrer kut, und i glaub, au it, wenn eiser Herrgott käm."
Von anderen Leuten erfuhr ich dann, daß Therese gerade auf dem Friedhof sei, der damals renoviert wurde. Wir fuhren

hinaus – er liegt außerhalb des Dorfes – und sahen ein gutes Dutzend Arbeiter, meist Burschen vom Ort, die damit beschäftigt waren, neue Wege anzulegen, Grabsteine zu versetzen und dergleichen. Eine kleine dicke Frauensperson, einer richtigen Bäuerin gleichsehend, stand mitten unter ihnen, das Kommando führend. Ich fragte einen der Arbeiter, ob denn die Therese Neumann nicht hier wäre. „Ja, die ist schon da; sehens dort: die Dicke ist's! – Wir gingen näher, – wirklich sie war's; früher so mager und blaß, und jetzt so wohlbeleibt und stark, mit vollem Gesicht und roten Wangen; gekleidet aber noch wie früher: in schwarzem Gewand und blauem Schurz und weißem Kopftuch. Sie musterte uns vom Kopf bis zum Fuß, um uns dann ein nicht besonders kalorienreiches „Grüß Gott!" zu sagen. „Wo seid Ihr her? Was wollt Ihr? Wo kommt Ihr her?" – „Ja von Bayreuth", antwortete ich. „So, das auch noch!" fiel sie gleich ein, „von der Gesellschaft (Bagasch hätte sie am liebsten gesagt) seid Ihr; ja ist denn dös no it rum mit dem Bayreuth, ist denn die Gaudi no it gar?" – „Ja horchens, morgen ist's gar, da wird das letzte Mal gespielt!" – „Ja Gott sei Dank!", atmete Resl tief auf, „Wissens, da mueß i heut glei beim Herrn Pfarrer a heilige Meß lesen lassen für die armen Seelen, daß die g'holfen haben, daß dös mit dem Bayreuth einmal gar worden ist!" – „Ja wissens, dös ist a so: da kemmens alleweil von dem Bayreuth zu mir rüber, ganze Haufen, ganze Kärren voll und da wollens mich sehen und wollen mich fragen und wollen hundertlei wissen und wollen mich photographieren, und so gehts in einem fort – und ich komme zu keiner Arbeit und zu keinem Beten mehr, und drum bin ich so froh, daß dös jetzt amol rum ist. – Jetzt erst, als ihr Geschimpf über Bayreuth zu Ende war, konnte ich mich und meine Begleitung vorstellen und sie an meinen letzten Besuch erinnern und an die Herren, die damals auch in Konnersreuth bei ihr waren, wie Prof. Wutz von Eichstätt und Redakteur Dr. Gerlich von München. „Ja, der arme Gerlich", seufzte sie, „den wo die Hitler derschlagen haben, die Bazi . . .", und als ich in ihre Tonart einstimmte, war sie schon zugänglicher geworden. Als dann noch mein Begleiter ihr ein gutes Trinkgeld in die Hand drückte, das sie aber nicht für sich nahm: „Nein, kein Pfennig für mich, aber für meine Arbeiter, die san froh, wenn's dann nachmittags von mir a Bier kaufe könne!" — Da stieg das Stimmungsbarometer gewaltig in die Höhe, es ging ein neues Viertel ein und ein neuer Wetterbericht: Auflockerung der Wolken, keine Niederschläge mehr, jetzt freundlich und warm!

Es gibt seltsame Augen. Von vier Menschen kann ich sie nie vergessen; sie hatten einen derartig ungewöhnlichen, fast unheimlichen und unerträgbaren Blick, der einen förmlich durchbohrte und noch lange im Gedächtnis haften blieb. Ich erinnere mich an Hitler und Mussolini — ich konnte sie aus nächster Umgebung beobachten —, deren Augen ein wirklich dämonisches Feuer aussprühen konnten; oder ich denke an die Augen eines seligen Pater Rupert Mayer, der einmal auch einen ganz faszinierenden, aber wieder von einem anderen Feuer durchglühten Blick auf einen warf. Ähnliche Augen — blau, aber ein seltsames Blau — sah ich im Antlitz Therese Neumanns, als sie mir gegenüberstand; Augen, denen man es direkt ansieht, daß sie mehr sehen und heller und weiter sehen, als wir gewöhnliche Sterbliche zu sehen vermögen; Augen, die in die tiefsten Geheimnisse des menschlichen Herzens wie des Weltgeschehens hineinleuchten können, ob auf natürliche, außernatürliche oder übernatürliche Weise, kann man heute noch nicht entscheiden. Und so kann ich es heute noch verstehen, daß damals der bekannte Münchner Journalist Dr. Fritz Gerlich, dem Therese in einer Freitagsvision seine ganze Vergangenheit, seinen ganzen Lebensgang mit all seinen Licht- und Schattenseiten, seinen Hemmungen und Irrungen in allen Einzelheiten genau enthüllen konnte, daß er ganz konsterniert vor ihrem Lager stand und unter der Wucht dieser Eindrücke vom ungläubigen Freigeist zum kindlich frommen Christ geworden und bekanntlich in dieser glühenden Begeisterung für seine Kirche bis zu seinem Martyrium des 30. Juni 1934 treu verblieben ist. Bei dieser Gelegenheit muß ich auch wieder an einen bekannten Wiener Arzt denken, der damals auch gleichzeitig mit mir Konnersreuth besuchte und dem das hellseherische Vermögen Therese Neumanns nicht wenig Sorge bereitete, besonders bei dem Gedanken an seine mitanwesende Frau. Als wir nämlich daran kamen, Resls Zimmer betreten zu können, sagte er zu seiner Frau: „Du, Mizzi, bleib lieber heraus! Weißt Du, das ist furchtbar, wenn Du das viele Blut siehst da herin wird's Dir furchtbar schlecht!" Zu mir aber sagte er dann, als Frau Mizzi wirklich herausblieb: „Wissens, Herr Pfarrer, wenn bei mir jetzt nachher die Resl das Auskramen anfängt aus meinem Lebenspackl, dann könnte es meiner Mizzi noch schlechter werden und mir vielleicht dann nicht weniger!" − So hörte ich diesmal auch, daß nicht wenige Angehörige von vermißten Soldaten oder Heimatverwiesene in Sorge um ihre verschollenen Angehörigen zur Resl gekommen sind, um von ihr vielleicht einen Lichtblick über das Schicksal ihrer Lieben zu erhalten; ob von Erfolg oder nicht, konnte ich nicht erfahren. All dies kam mir in Erinnerung, als ich längere Zeit in die Augen Therese Neumanns schauen konnte.

Und nun war die erste Frage, die mich und auch viele andere noch beschäftigt: Hat wohl Therese diese hellseherischen Zustände noch? Alle Aufschlüsse darüber sollten wir nachher im Pfarrhaus von Konnersreuth erhalten; und so fuhren wir also dorthin. Wir luden Resl ein, auch im Wagen Platz zu nehmen, weil wir bemerkten, daß ihr Gehen − durch die Wundmale an den Füßen − sehr mühsam war. Und als dann die Arbeiter sie noch aufforderten: „Geh Resl, fahr halt mit, gehst ja eh so schlecht!", fuhr sie mit. Beim Aussteigen vor dem Pfarrhof entdeckten wir auch die heute noch sehr gut sichtbaren Blutkrusten von den Wundmalen an beiden Händen. Nun betraten wir das schlichte Pfarrhaus. Wie staunte ich, den Herrn Pfarrer Naber, den seinerzeit berühmt gewordenen Pfarrherrn und Mittelsmann der Seherin von Konnersreuth, trotz seines hohen Alters von 83 Jahren noch so frisch, munter und rotwangig zu sehen wie vor 25 Jahren. Er hieß uns aufs freundlichste willkommen und an seinem Tische Platz nehmen, währenddessen die Resl zu ihrer Schwester, die den Pfarrhof-haushalt führt, in die Küche ging. Und nun hatte ich Gelegenheit, vieles zu fragen, was mich und viele andere schon lange interessierte. So erfuhren wir, daß Resl, jetzt 56 Jahre alt geworden, heute noch ihre geheimnisvollen Blutungen an Kopf, Händen und Füßen erlebt, und zwar — wie früher — von Donnerstagnacht bis Freitagnachmittag; ebenso schaut sie noch in ihrem visionären Zustand das Ölbergsleiden, währenddessen sie Blut zu schwitzen anfängt, dann die Gefangennahme Jesu, die langwierigen Verhöre bei den Hohenpriestern und bei Pilatus, die Geißelung und Dornenkrönung, sie geht dann mit dem Heiland den Kreuzweg, empfindet mit ihm die Annagelung, Kreuzigung und den bitteren Tod, wenn auch nicht immer in der furchtbar qualvollen Weise wie früher; aber ihre Blutverluste sind manchmal noch ziemlich groß und schmerzhaft. Diese visionären Leidenszustände setzen jedoch manchmal länger aus, wie z. B. im August — immer, wenn ein freudiges Festgeheimnis in der Kirche gefeiert wird, an diesem Freitag, so am 6. August (Verklärung Jesu), am 13. August (Oktav des hl. Laurentius, des Kirchenpatrons), am 20. August (Oktav von Mariä Himmelfahrt); dann, wenn ein größeres Fest auf einen Freitag fällt, ist es möglich, daß sie dann das Festgeheimnis oft in ganz klarer Weise schauen und den Umstehenden, meist nur ihren Familienangehörigen und Pfarrer Naber, beschreiben kann; z. B. am Freitag, den 10. August 1951, schaute sie das Martyrium des hl. Laurentius; am Freitag, den 15. August 1952, die Herrlichkeiten Mariens bei ihrer Himmelfahrt; am Freitag, den 19. März 1954, das Familienleben des hl. Joseph in Nazareth. Außergewöhnlich war es heuer, daß sie auch an anderen Tagen als an den Freitagen in solch hellseherischen Zustand entrückt wurde. So fing sie am letzten Pfingstmontag auf einmal an, in ihrer Vision zu betrachten und zu beschreiben, wie Petrus vor zahlreich versammeltem Volk seine erste Predigt hielt; charakterisiert hierbei den Apostel, seine Zuhörer, schildert den Berg Sion, den Ort der Pfingstbegebenheit, und das Merkwürdigste dann, daß sie auf einmal dabei fremdsprachliche Wörter und Sätze bringt, die sie von niemandem und erst recht nicht in dem Dorfe Konnersreuth gehört haben kann, von Sprachen, die zu jener Zeit in der

internationalen Weltstadt Jerusalem gesprochen wurden, z. B. hebräisch, aramäisch, syrisch, griechisch und römisch. Eigentümlich war es dann einmal, erzählte uns Pfarrer Naber weiter, wie er mit Resl und ihrer Schwester im Pfarrhof zu Tische saß, und als sie eben die Radioübertragung von der Heiligsprechung Papst Pius X. anhören wollten, da habe auf einmal die Resl gesagt: „Jetzt packt mich jemand am Arm, ich glaube, der Heiland ist's, und führt mich weit fort über viele Berge – nach Italien – und jetzt sind wir in Rom –", und da kann sie nicht genug jammern über die vielen Leut' auf dem Petersplatz, hört sie reden und schreien, und fängt selber an, italienisch mit dem Volke zu parlieren und zu diskutieren, sieht den Hl. Vater, die vielen Bischöfe und etwas ganz Merkwürdiges, sie fühlt das dortige Klima, die warme Luft Italiens und kann sagen: „Da ist es aber heiß, lang nicht so kalt wie bei uns."
Eine wichtige, wohl die am meisten interessierende Frage stellte ich dann noch zum Schluß an Herrn Pfarrer Naber, ob Therese Neumann jetzt noch nicht angefangen habe, wieder zu essen und zu trinken, worauf er mir versicherte: Seit 27 Jahren hat Resl bis heute noch nicht das Geringste gegessen oder getrunken, überhaupt nichts genossen, wofür die ganze Gemeinde Konnersreuth ihr Zeuge sein könne. – Es wird deshalb diese Tatsache der jahrelangen Nahrungslosigkeit wie auch ihre hellseherische Befähigung und ihre wundersame Sprachengabe mehr noch als die Stigmatisation der Wundmale als ein einzig dastehendes Phänomen bezeichnet, womit sich Theologen und Philosophen, Mediziner und Psychiater heute noch beschäftigen. – Als wir uns nun zum Aufbruch anschickten, kam Resl nochmals herein und übergab einem jeden von uns ein Bildchen mit ihrer Namenswidmung und zugleich die Mahnung mit auf den Weg: „Gell, beten wir füreinander – und nun pfüet Euch Gott!"
Und so fuhren wir denn über Tirschenreuth, Weiden, Regensburg, Landshut und München wieder der Heimat zu, die Bayreuther Klänge noch im Ohr, die Konnersreuther Eindrücke in der Seele – und eine gute Münchner Brotzeit im Magen, heim ins Kammeltal!

Aus Kammlachs Vergangenheit

Vorbemerkung: Nachdem in den letzten Jahren so manche Gemeinde unseres Kreises ihr vieljähriges Bestehen gefeiert und auch in den Zeitungen die geschichtliche Vergangenheit ausführlich gewürdigt wurde, ist auch jene Gemeinde aus ihrem Dornröschenschlaf geweckt worden, die eigentlich wohl eine der ältesten unserer Umgebung wäre, nämlich das alte Kammlach, das schon längst das Fest seines mindestens 1200jährigen Bestehens hätte feiern können.

Wohl ist es zu keiner Stadt und zu keiner Marktgemeinde emporgewachsen, ist immer nur ein bescheidenes Blümchen in der Hecke des Kammeltales geblieben, wenn auch sein Name durch seine interessante geschichtliche Vergangenheit, durch entscheidende, historische Ereignisse, durch bekannte Männer der Wissenschaft und Kunst, die hier ihre Wiege hatten, in den Büchern der Geschichte, sogar des Auslandes oftmals genannt und bekannt worden ist. Von verschiedenen Seiten bin ich nun als Chronist der Pfarrei Kammlach angegangen worden, darüber manches zu veröffentlichen; ich möchte es aber nicht in trockener, wissenschaftlicher, „gschtudierter" Abhandlung tun, sondern in einigen zwanglosen Erzählungen, denen mein 40jähriges hiesiges Wirken und Forschen zugrunde liegt.

Älteste Geschichte

Eigentlich müßte ich mit der frühesten Geschichte beginnen, mit der Eiszeit, in der mächtige Gletscher von den Alpen her ihre Eismassen durch unsere Gegend vorschoben, unsere Landschaft also unter Eis begraben lag. Im Verlaufe einer wärmeren Zeitperiode schmolzen diese Eismassen und ihre Abflüsse überfluteten in gewaltiger Breite unser ganzes Tal; nur die Randhöhen (Knaus, Kohlberg, Audernberg, Mindelberg) ragten aus dem Wasser hervor. Was da für Tiere darin umeinander geschwommen sind, entzieht sich leider meiner Kenntnis; von Eisbären und dergleichen hat man hier nie etwas gefunden, dagegen Eisheilige hat es immer schon gegeben, aber die stammen nicht aus jener Zeit.

Mit dem weiteren Rückgang des Gletschereises bildete sich dann der Kammel-Urstrom, der schließlich immer kleiner wurde und an der tiefsten Stelle des Tales zur gegenwärtigen Kammel zusammenschrumpfte. Es mag sein, daß sich dann verschiedene Erdformationen übereinander gebildet haben, wie die verschiedenen übereinander liegenden Schichten einer Geburtstags-Torte. Neben kiesiger Grundlage (daher die vielen Kiesgruben in unserer Gegend) gab es auch durch die Bildung einer Lößdecke an manchen Stellen lehmigen Boden, daher die Entstehung unserer alten Ziegeleien (Ober-, Unter-Kammlach, Stetten, Oberrieden etc.). Zuletzt bildete sich fruchtbarer Ackerboden und das Wachstum setzte ein. Zunächst waren es große, ausgedehnte Waldungen, die sich besonders auf den Höhen und dann auch im Tale ausbreiteten. Und nun kommen wir näher zur Entstehung des Namens Kammlach, dessen ursprünglicher Name (nach den ältesten Urkunden, aufbewahrt in der Staatsbibliothek in München und im Bischöflichen Archiv zu Augsburg) aus Kammloh entstanden ist. Dieser Name zeugt für das hohe Alter des Ortes.

Das altdeutsche Wort „Loh" bedeutet Wald und im Wald oder am Wald ist wohl auch die erste Siedlung von Kammlach in uralter Zeit entstanden. Was das für ein Leben damals in diesen Wäldern an der Kammel war, welche Tiere dort gehaust haben und umeinandergesaust sind, weiß ich nicht zu berichten; auf jeden Fall gabs viel Wild, auch Bären und Wildsäue, von denen ich letzthin noch drei, Nachkommen wohl, in wilder Flucht von Hellberg gegen den Kohlberg davonpreschen sah. Was damals die alten Kammlacher in dieser ersten Waldsiedlung alles getrieben haben, ob sie außer ihrer Waldrodung und Ackerbestellung auch viel auf die Jagd gegangen sind, und dann, wie die alten Germanen überhaupt, auf den Bärenhäuten liegend, süßen oder sauren Met getrunken haben oder nur selbstgebrautes Dünnbier, entzieht sich ebenfalls meiner Kenntnis; auf jeden Fall sollen von diesen noch Nachkommen vorhanden sein, die heute noch ein gutes Sitzleder haben, (übrigens soll es auch anderswo noch genug solche Germanen geben!). — Im Laufe der Zeit wurden nun allmählich die riesigen Waldungen gerodet und der Boden für eine geregelte Landwirtschaft nutzbar gemacht; zu den ersten Anfängen einer Viehzucht kam dann gleich die Fischzucht. Unsere Kammlacher Gegend besaß nämlich anfangs einen großen Reichtum an Fischwassern, gar an Fischweihern; so berichtet ein Salbuch der Herrschaft Mindelheim aus dem Jahre 1616 von einer großen Anzahl Kammlacher Weiher und unser ältestes Pfarrbuch von mehreren hier wohnhaften Weiherwarten, Fischern und dergleichen. Was Wunder, wenn durch diesen Fischreichtum viele Fischereiliebhaber wie durch den hiesigen Waldreichtum viele Jäger immer nach Kammlach kamen, so Jahrhunderte lang. Und von da an datieren dann auch die engeren Beziehungen der Umgebung zu Kammlach, besonders auch von Mindelheim, die sich später zu regen Handelsbeziehungen gestalteten, angefangen in jener Zeit, wo man aus seinen Wäldern markenfreies Fleisch und aus seinen Weihern billige Fische heimholen konnte und mit mitgebrachten Waren lebhaften Handel und Tausch pflegte, fast herein bis in unsere Zeit. — Damit ist nun freilich der Chronist auf ein Nebengeleise gekommen, schließt damit für heute ab und fährt aber ein andermal auf dem Hauptgeleise weiter.

„Und dir hocket zwische dinn!" meinte der Unterkammlacher Bürgermeister, als ich als junger Benefiziat bei ihm Antrittsbesuch machte. „Ja, dös Ober- und Unterkammlach, dös ischt a Kapitel für sich, gar wenn man zwischedinn hocket wie Dir und i, i bin z. B. a Unterkammler mit Leib und Seel, aber mei Weib ischt a Oberkammlere dure und dure, und auf Oberkammlach ghöret mir heut no allsamt in d'Pfarrei und wäret sell dauhunt so a große Gmoind." Eine weitere Einführungslektion erhielt ich dann gleich am ersten Sonntag meines Hierseins, als ich im Gasthaus Zeuge eines nicht uninteressanten Disputs sein konnte. „Wisset", redet mich ein Oberkammlacher Bürger an, „mir send a große Pfarrei, a schühne, a

reiche, a alte Pfarrei; dös sieht ma scho an eiser Kirch, weit und breit koi sölle, und erscht eiser Fescht, bue dös haut an Schlanz! Wisset, mir Oberkammler, wir send in allem obe dett." – „Verloga isch", entgegnet ein Unterkammlacher Gemeindegewaltiger, „Ihr Oberkammlacher machet bloß alle selle Sprüch, aber mir Unterkammlacher: 1. hant mir mehr Häuser, 2. mehr Vieh und Roß und 3. mehr Geld und 4. send mir au viel älter und au scho vor daugwea, vor ui gscheida Oberkammler, dös kennt ma scho an eisra Kirchapatro: Dir hant Mutter Gottes an uirem Fescht und mir hand d'Mutter Anna an eiserm; und d'Muatter ischt doch allegs älter gwea wie d'Tochter!" – „Schtill", kommandiert wieder ein andrer Oberkammlacher, „loset, was i sag: Wisset Dir nomma, wie der alt Geischtliche Rat oft verzöhlt haut, wie z'Oberkamm-lach an altes Kirchele gschdanda sei, dös sei die alt Pfarrkirch gwea und Michelskirche hab sie gheiße, und i moi, wenn dös der Michel gwea ischt, wo die zweie aus dem Paradies naus-triebe haut mit'm fuirige Schwert, nau wird der Michel wohl um viel älter gwea sei wie uir Unterkammler Mutter Anna." „Verloga, verloga", hallte es wieder zurück im aufgeregten Disput, aber gerade diese damalige Disputation gab mir Veran-lassung, in dieser Angelegenheit nachzuforschen, und ich kam zu folgenden Ergebnissen:
Es mag wohl im 6. Jahrhundert gewesen sein, als bei der Völkerwanderung der germanische Stamm der Alemannen in unsere Gegend kam, um sich hier anzusiedeln. Und eine charakteristische Eigenheit ihrer Ansiedlungsweise war es meist, die Wohnstätten längs der mit dem Flusse parallel laufenden Straße anzulegen. Damals nun mögen so manche Ortschaften in unserem Kammeltal entstanden sein, wie das alte Kammlach oder das alte Rieden, die sich dann im Laufe der Jahrzehnte immer mehr vergrößerten und verlängerten, so daß man bald von einem „oberen Kammlach" und von einem „unteren Kammlach", wie von einem „oberen Rieden" und einem „unteren Rieden" sprechen konnte. Dabei ist aber das „Untere Kammlach" an Zahl und Größe seiner Häuser wie auch an Zahl und Besitztum seiner Einwohner nie hinter dem

„Oberen Kammlach" zurückgeblieben, und es war immer nur eine Gemeinschaft, ein Dorf, das alte „Kammlach".

Als dann die ersten Glaubensboten, vielleicht von Augsburg oder vom neugegründeten Kloster Ottobeuren her, das Christentum in unsere Gaue brachten, entstand das erste Kirchlein, dem hl. Michael geweiht, das mitten in unserem heutigen Friedhof (nahe der Schule) stand und erst 1811 abgebrochen wurde. Als die Dorfgemeinde immer größer wurde, ist sie dann eine eigene Pfarrei geworden, und zwar nach einer alten Überlieferung durch den Bischof von Augsburg selbst, dem hl. Ulrich, vor etwa 1000 Jahren also. Möglicherweise mag dann damals auch eine neue Pfarrkirche gebaut worden sein, worauf die frühromanischen Merkmale, noch heute am Chor und Turm unserer Kirche erkennbar, aus dem 10./11. Jahrhundert schließen lassen, und ist dann in den Schutz der Mutterkirche von Augsburg, Mariä Himmelfahrt, gestellt worden. Etwa 100 Jahre später mag dann auch das „Untere Kammlach" sein eigenes Kirchlein errichtet haben, und seine heute noch sichtbaren frühgotischen Merkmale deuten auf eine Bauzeit im 11./ 12. Jahrhundert. Um aber zu dokumentieren, daß das „untere Kammlach" mindestens so alt, wenn nicht älter wie das „obere Kammlach" sei, haben sie es der hl. Mutter Anna geweiht, haben jedoch trotzdem immer ihrer Mutterkirche, der Pfarrkirche im „oberen Kammlach" ihre Treue und Anhänglichkeit bewahrt — bis herein in unsere Zeit.

Interessant ist es nun, im Laufe der Geschichte zu verfolgen, wie sich allmählich die beiden Kammlach, obwohl sie in kirchlicher Hinsicht 1000 Jahre in ein- und derselben Pfarrfamilie schiedlich und friedlich verbunden waren, doch schrittweise von einander gelöst und getrennt haben. Das erste Mal war es im Jahr 1363, als die Herrschaft Mindelheim von den Edlen von Mindelberg an die Ritter von Hohenschlitz verkauft wurde, da werden bei Aufzählung der zur Herrschaft Mindelheim gehörenden Ortschaften in der gerichtlichen Urkunde die beiden Dörfer Oberkammlach und Unterkammlach als zwei selbständige Ortschaften genannt, aber noch von einem gemeinsamen Ammann (= Amtmann) betreut, den die Herrschaft Mindelheim jeweils immer aufstellte. — Im Stiftungsbrief der Ritter von Frundsberg für die Pfarrkirche von Oberkammlach aus dem Jahre 1482 finden wir bereits zwei eigene Heiligenpfleger als Kirchenverwalter: Peter Drexel von Oberkammlach und Ulrich Schneider von Unterkammlach. In einem Urbarium (= Grundstücksverzeichnis) des hiesigen Frühmeßbenefiziums aus dem Jahre 1611 tauchen bereits zwei eigene Gemeindeoberhäupter auf: der Ammann Georg Mayer von Oberkammlach und der Ammann Georg Degenhard von Unterkammlach. Bis zum Jahre 1800 gab es für beide Gemeinden nur eine Schule: im alten Mesnerhause von Oberkammlach. In diesem Jahre fing der junge Mesner Matthias Jakob im heutigen Mesnerhause Nr. 22 „in einer kleinen, dunklen und feuchten Stube" das Schulhalten an für die Schüler von Unterkammlach und erhielt dafür den recht bescheidenen Jahreslohn von 75 Gulden. — Im Jahre 1807 legte dann Unterkammlach einen eigenen Friedhof um seine Kirche an; die erste Beerdigung war die einer Kindsleiche vom Schmied Leinauer. Viele Unterkammlacher aber zogen es noch lange vor, im Schatten der Pfarrkirche von Oberkammlach bestattet zu werden, wie all ihre alten Vorfahren, so noch bis zum Jahre 1857.

Im Jahre 1907 begannen dann die intensiven Bestrebungen der Unterkammlacher für eine Lostrennung vom Pfarreiverband. Anlaß hierzu gab die geplante Restauration der Oberkammlacher Pfarrkirche. Angesichts der zu erwartenden hohen Ausgaben dafür meinten sie, der sie betreffende Kostenteil könnte doch besser für die Gründung einer eigenen Pfarrei in Unterkammlach verwendet werden. Als aber die höheren Behörden diese Bestrebungen in keiner Weise unterstützten und gar dann, als es sich darum handelte, einen Pfarreifonds zu gründen und das liebe Geld herauszurücken, da meinte mancher biedere Unterkammler: „I moi, mir gand meh nauf", nämlich nach Oberkammlach. Der damalige Chronist von Unterkammlach, Lehrer Lutz, bemerkte hierzu in seiner Gemeindechronik: „Die Kirchenbaufrage, wie auch die Frage über Errichtung einer selbständigen Pfarrei in Unterkammlach, welche soviel Staub aufgewirbelt hatte, ist nun glücklich wieder

eingeschlafen; möge sie recht lange im Frieden ruhen!" –
Jedoch der damalige Bürgermeister machte später dazu die
Randbemerkung: „Ob sie eingeschlafen ist, ob sie ruht, ich
glaube es nicht." – Der Bürgermeister. Wohl versuchten die
derzeitigen Pfarrherren von Oberkammlach, die Pfarrfamilie
beieinander zu halten und den Unterkammlacher Pfarrkindern
weitmöglichst entgegenzukommen: durch Verlegung sämtli-
cher Leichengottesdienste, Hochzeiten, Jubiläumsfeiern in die
Unterkammlacher Kirche, Abhaltung eigener Öschgänge,
Andachten und pfarrlicher Gottesdienste dort, aber die Bestrebungen nach einer selbständigen Pfarrei blieben lebendig.
Einen erfolgreichen Beitrag hierfür leistete auch das Vermächt-
nis von einem stattlichen Wohnhaus samt Waldbesitz seitens
der Schuster'schen Priveteheleute an die Kirchenstiftung dort.
Vom Jahre 1930 an bezogen dann Geistliche Herren, meist
pensionierte Pfarrherren, diesen angehenden „Pfarrhof" und
übernahmen die tägliche Zelebration der hl. Messe und die
Krankenseelsorge.
Im Jahre 1949 betrieben dann stimmführende Männer mit
allem Nachdruck die Errichtung einer eigenen, von Oberkammlach getrennten Seelsorgestelle und sogar einen Kirchen-
Neubau, wofür sie dann auch die Zustimmung des Bischöflichen Ordinariates erreichten.

Von Sprache und Brauchtum im Kammeltal

„Wisset, mir im Kammeltal send a eigene Natio, hand a eigene Sprauch und an eigene Brauch", eröffnete mir der damalige Pfarrherr Andreas Mayer von Kammlach, als ich bei ihm meinen Antrittsbesuch machte. Vom Alter gebückt, in seinem Lehnsessel hinter dem Ofen sitzend, mich vom Kopf bis zum Fuß musternd, setzte er dann seine Einführungslektion fort: „Dir kommet scheints von der Stadt, aber wisset, Herrle, des kann i Ui glei sage: die feine Lackschühele und die seidene Mäschle könnt'r glei dahoi lau, und die Sprauch, die wau dir hant, dös Gschtudierte, dös Breißische nauch der Schrift, dös gaut bei eis it, da müsset dr scho schwätze wie d'Leit!" – Also gewann ich den Eindruck, hier erst eine neue Sprache lernen zu müssen. Den ersten Einführungskurs in die „Landessprache im Kammeltale" erhielt ich dann gelegentlich eines Spazierganges durch das Dorf in meinem neuen Wirkungskreis, wobei mich der alte, verdiente Lehrer Helmschrott begleitete, um dann als „Dolmetsch" fungieren zu können. Wir kamen gerade an einem Hause vorbei, wo es ziemlich laut herging und sich folgende Auseinandersetzung zwischen Mutter und Tochter abspielte: „Du überlästigs Mensch, du ganz koinze, iez gausch amaul rei; hauscht ghärt mit deim bockische Grind und los au, was ma sait!" Worauf die Tochter in gleicher blumiger Sprache antwortete: „Du wafflege Loas, Du zannege, was hauscht denn allegs z'lella, siehsch denn it, daß i no it grea bi mit deam Hueraglump dau." – Mein Begleiter verdolmetschte mir lächelnd diese kraftvolle Sprache und erklärte mir, daß diese Ausdrücke nicht immer so bös gemeint seien und hierzulande gang und gäbe seien, wie überhaupt das Volk hier eine originelle, ausdrucksreiche Sprache gewohnt sei, ein Mittelding zwischen dem Oberländer Allgäuerischen und dem Unterländer Schwäbischen.
Von Sitten und Bräuchen in unserem Kammeltale, wie sie wohl auch da und dort noch üblich sein werden, will ich noch erzählen. Manches, gerade von den Hochzeitsbräuchen, war

mir neu. Ein sinniges Herkommen, wenn vor dem feierlichen Kirchgange die ganze Hochzeitsgesellschaft sich in der Familienstube vor dem Herrgottswinkel versammelt, mit Andacht fünf „Vater unser" für das Brautpaar betet um Glück und Segen im Ehestand und dann die Mutter des Hauses der Braut und dem Bräutigam das Weihwasser feierlich auf die Stirne gibt. Bei der kirchlichen Trauung war es dann hier jahrelang Brauch, daß die Brautleute und alle Angehörigen aus einem silbernen Kelche den geweihten Hochzeitswein tranken, und zwar die Brautleute je dreimal, die Brautzeugen je zweimal, die Eltern, Geschwister und „Dotlener" je einmal, während sie um den Traualtar herumgingen. Mit Rücksicht darauf, daß die Brautpersonen oft „geschleddert hant oder das Brautkleid verdrieled oder versauet" hant. Wie mir der alte Mesner erzählte wird jetzt der Hochzeitskelch mit Wein vom Priester nur den beiden Brautleuten zu einmaligem Trunke am Betschemel gereicht. Interessant ist es noch zu erfahren, daß dieser wertvolle Silberkelch eine Erinnerungsgabe des früheren Pfarrherrn Leonhard Hoffmann an seine Pfarrgemeinde ist, die er nicht weniger als volle 54 Jahre seelsorgerisch betreut hat, und zwar noch während all der wechselvollen Jahre des Dreißigjährigen Krieges. Die eingravierte Inschrift lautet: „Anno 1651 hat diesen Communion-Becher Unserer Lieben Frauen verehrt der Ehrwürdige und Wohlgelehrte Herr Leonhart Hoffmann, Pfarr und Frühmesser zu Kammlach über 50 Jahr." Er hat also wohl auch als Abendmahlskelch in der damaligen Zeit gedient.

Ein anderer altherkömmlicher Brauch war es dann hier, daß nach dem Sanctus der Trauungsmesse der Mesner den Brautleuten das aufgeschlagene Evangelienbuch zum Kusse darbot, um ihre Verehrung dem hl. Evangelium kundzutun. Als einmal eine junge, unerfahrene Braut sich in diesem Brauche nicht recht auskannte und schüchtern damit zögerte, kommandierte der Mesner halblaut: „Kusse! Kusse!", worauf dann die Braut zaghaft fragte: „Ja wen denn?" — „'s Herrgottle im Evangelienbuch, dumm's Luder, wen sonscht!" — So der Mesner. Nur mit Mühe und Not konnte da der Bräutigam seinen lächelnden Mund zum heiligen Ritualkusse ernsthaft schließen, die Ministranten kicherten verstohlen am Altare, und ich selbst mußte alle Kraft und Ernsthaftigkeit aufbieten, um — gerade vor der hl. Wandlung stehend — mich eines herzhaften Lächelns zu erwehren. Aber seitdem habe ich diesen nicht notwendigen Hochzeitsbrauch in der Versenkung verschwinden lassen. Wenn dann die kirchliche Feier beendet ist, eilen die Ministranten, noch in ihrer roten Amtstracht, zu den Ausgangsportalen der Kirche, um dann mit ihrem langen, roten Bandel die Hochzeitsgäste aufzuhalten, wie die Schutzpolizei mit ihrem Seil, um ihren herkömmlichen Obolus in Empfang zu nehmen; in der Sakristei wird dann die Beute gezählt und verteilt, die feinen Geber gelobt, die schäbigen Schundniggel getadelt. — Unterdessen ziehen die Brautleute mit den Hochzeitsgästen auf den Kirchhof hinaus, um dort an den Gräbern ihrer lieben Angehörigen ein Vergißmeinnicht des Hochzeitstages niederzulegen.

Und nun geht's in feierlichem Zuge, mit schneidiger Musik zur Wirtschaft, wo sich dann der weltliche Teil der Hochzeitsfeier abspielt. Eine Hauptsehenswürdigkeit, besonders für die immer vollzählig versammelte Jugend, ist da dann der Brauttanz, wobei die Musik dem neuvermählten Paare die Extratänze aufspielt und die Braut sich daran beteiligt — ebenfalls einem alten Brauch entsprechend — mit dem geweihten Rosenkranz um die Hand geschlungen. Dann beginnt allmählich, nachdem sich die verschiedenen Hochzeitsgäste besser oder minder „eingeschläft", das obligate Hochzeitsmahl mit den mehrerlei Gängen; das früher übliche „Voressen" mit den Kuttelflecken in der braunen Brühe, den „sauren Regenwüren" wie sie einmal ein schalkhafter Gast nannte, harmonisch vereint mit den süßen Zibeben ist jetzt abgekommen. Nach dem Verspeisen der „Wiehscht" (Weißwürstl) wird dann eine Pause eingeschaltet, damit die verschiedenen Hochzeitsverse und -gedichte in meist bandwurmlanger Fasson von den ängstlich zitternden Kindern an den Mann gebracht oder auch Haus und Hof der Brautleute von den Gästen besichtigt werden können. Am Abend nimmt dann so ziemlich die ganze Jugend und

Bürgerschaft an der Hochzeitsfeier teil, bis dann gegen Mitternacht zu das Brautpaar, müde von den vielerlei Aufregungen und Aufzügen des Tages, den Huldigungen und Komplimenten, die es zu empfangen und zu erwidern hat, mit Staub und Schweiß des „Großkampftages" bedeckt, von den Musikanten heimgeblasen wird; was Wunder, wenn einmal am Schluß des Tages ein Hochzeiter den schweren Seufzer getan: „No amaul so a Hochzeit und i bi sauber hin!"
Und nun kämen die vielgerühmten Flitterwochen, wo aber so manche junge, hereingeheiratete Frau oft gar nichts zu lachen hat, gar wenn noch die vorige Regierung im Hause selber wohnt und sie Schritt und Tritt mit scharfen Argusaugen verfolgt. Hauptsächlich in der Küche gibts manchen Herzklopfer, manche Prüfungsangst, wenn dann die junge neugebackene Ehefrau wie in einem Examen ausgefragt wird: „Kannscht au dös? Wie machscht dös? Weischt, dös muescht alls könne: Bodebierewiehscht, dämpfte Nudle, geröstete Nudle, Krautnudle, Kässpatze, Hefenudle und im Heuet guete Haseöhrle und im Schnitt schöne Pfoose und Küechle und am Sonntag fei an guete Braute; an der Soß und an de saure Bodebiere kennt ma's fei am beste, ob d'au ebbes kannscht!"
Und erst im Stall und auch im Feld: überall ist Examen und Prüfung. Und so wird's immer sein, nicht bloß im Kammeltal. Da heißt's halt auch, wie es als Inschrift über einer Haustüre bei uns im Kammeltale steht:

>„Viel betrachten, wenig sagen,
>Seine Not nicht jedem klagen,
>Viel hören und nicht weiter tragen,
>Bescheiden sein in allen Tagen,
>Sich in Glück und Unglück schicken,
>Ist eins der größten Meisterstücke."

Ein alter Brauch war es dann, daß die junge Ehefrau in den ersten 14 Tagen ihres neugebackenen Ehestandes noch einmal zurückkehrte ins elterliche Haus, „um den Löffel zu holen". Jetzt soll es allerdings üblich geworden sein, daß sie noch öfters nach der Hochzeit ins Elternhaus heimkommt, um dann noch mehr zu holen und mitzunehmen als bloß den Löffel. Wenn dann nach einer gewissen — unterschiedlich längeren oder kürzeren — Zeit der Storch mit einem kleinen Erdenbürger eingekehrt ist, dann muß der neue Papa gleich laufen und die „Dodlener" bestellen; inzwischen studiert die junge Mutter im Bette herum, wie man das Kleine bei der Taufe nennen soll; gottlob kommen wieder allmählich die alten, christlichen Namen zu Ehren; die Horst, Helgas, die Günther und Dieters und erst recht die Adolfs sind wieder ganz außer Kurs gekommen. Nach zwei Wochen kommen dann die Verwandten und Nachbarinnen der Kindsmutter zum „Weisen" und bringen ihr „die Weis", bestehend in Zucker, Kaffee oder Kuchen, früher noch das obligate „Modepäckle" (Kaffeezusatz) dazu; die „Besseren", die daheim einen Gaul oder einen Bulldog haben, bringen noch eine Flasche Wein. Bei solchen Besuchen kommen dann in der Unterhaltung der Frauen so ziemlich alle Hausnummern der Pfarrei dran, daß oft manche das Heimgehen vergißt und den Anschein erweckt, als ob sie noch über Nacht bleiben wolle.

Wenn dann in der Familie ein Sterbefall eintritt, ist es immer noch ein sinniger Brauch, daß die Nachbarn das Verstorbene hinaustragen auf den Gottesacker, Burschen ihren toten Kameraden, Jungfrauen ebenso ihresgleichen in weißem Gewand und Kränzlein im Haar. — Bei Selbstmördern ist früher auf dem Friedhof der Sarg umgekehrt und der Tote mit dem Gesichte nach unten in das Grab hinabgesenkt worden. Als ich dagegen Einspruch erhob, meinte drohend der Mesner: „Dir wearet seah, wia dau heuer's Wetter schlägt und Dir send schuld!" — Aber Gott sei Dank sind wir damals in jenem Jahre von jedem Hagelschlag verschont geblieben, und nunmehr findet niemand mehr etwas dabei, wenn ein Selbstmörder mit dem Gesicht nach oben beerdigt wird wie jedes andere Menschenkind.
Ein andermal sollte ich mich vom Mesner darüber belehren lassen, daß ich bei der Feier der hl. Messe darauf achtgeben

soll, daß ich mit meiner heiligen Wandlung nicht in den Stundenschlag der Turmuhr hineinkäme; denn wenn während der Stille der hl. Wandlung die Stunde ausschlagen würde, dann müsse unfehlbar in der folgenden Woche jemand sterben; dieser Volksglaube hat sich jedoch ebenfalls in den meisten Fällen als Aberglaube erwiesen. Nachdenklich wurde ich aber doch einmal, als ein anderer Volksglaube mich davor warnte, über die Neujahrsnacht ja kein Grab auf dem Kirchhof offen zu lassen, sonst gebe es in jenem folgenden Jahr außerordentlich viele Todesfälle; und wirklich hatte ich in einem solchen Jahre 39 Todesfälle gegenüber im Durchschnitt von sonst 20 Sterbefällen. – Wenn dann die Beerdigung vorüber ist, folgt, wie so ziemlich überall üblich, der Leichenschmaus, wobei den teilnehmenden Verwandten und Nachbarn ein Essen verabreicht wird, meist mit Fleisch oder Wurst. Daß dies manchmal, besonders in Kriegszeiten, eine Rarität war, bewies mir folgendes Erlebnis: Eben hatte ich einen jungen, sonst lebensvollen, aber jetzt plötzlich an Herzschwäche zusammengebrochenen Mann auf den Tod vorbereitet, als der Sterbende – er hatte die Tränen des Abschiedsschmerzes noch in den Augen – auf einmal anfing, herzlich zu lächeln und zu mir sagte: „Herr Pfarrer, iaz mueß i wirkli no schmözele (= lächeln) vor i stiarb; wisset, grad ischt mei Buele bei mir dau gweah und haut mi gfrauget: „Ja, Vatr, wenn stirbscht jez amaul?", und nau haun i gsait: „Ja, Buele, warum soll iez i auf amaul sterbe?" „Ja weischt", hauts Buele gsait, „d'Muetr haut gsait, wenn dr Vat'r stirbt, nau krieg i a Wurscht!" – Bei allem Mitleid für den armen, sterbenmüssenden Vater konnten wir alle uns doch eines gewissen Lächelns nicht erwehren.
Vom religiösen Brauchtum in unserem Kammeltale wäre noch der sogenannte „Kühfeiertag" erwähnenswert, den eigentlich nur die Pfarrei Ober- und Unter-Kammlach kennt. Dieser Viehfeiertag verdankt seine Entstehung den Unglücksjahren 1796 und 97, wo eine furchtbare Viehpest gerade unter dem Hornvieh ungezählte Opfer dahinraffte und ganze Ställe leerte. Damals machten die beiden Gemeinden Ober- und Unter-Kammlach das feierliche Gelöbnis, einen Tag im Jahre, meist

vor der Erntezeit, und zwar am Donnerstag vor Jakobi, einen Feiertag zu halten mit Arbeitsruhe und Votivgottesdienst in der Sebastianskapelle. Die ganze Familie nahm in einem benachbarten Wallfahrtsort (Baumgärtle, Mussenhausen, Eichetkapelle oder Ottobeuren) an einem Bittgang für die Gesundheit des Viehs teil. Während des ganzen Tages blieben alle Kühe und alles Hornvieh im Stall, um auch einmal einen Feiertag zu haben. Daher der Name „Kühfeiertag", der heute noch von den beiden Kammlach allgemein eingehalten wird.

Manche anderen Bräuche sollen noch erwähnt werden. An Hl. Dreikönig wird das Vieh mit Dreikönigswasser besprengt und geweihtes Salz in den Futterbarren geworfen, damit das Vieh vor (den) allerlei Krankheiten bewahrt bleibe. Am Karsamstag, wenn beim Gloria des Amtes wieder mit allen Glocken geläutet wird, läuft und springt alles an die Obstbäume und rüttelt und schüttelt sie, damit sie im Herbste reiche Frucht ansetzen sollen. Ebenso werden Obstbäume während des 2-Uhr-Läutens am Tage vor Allerheiligen von manchen Leuten mit einem Strohband umwunden, damit sie im kommenden Jahre reichlich blühen sollen. Am Ostersonntag wirft man ein geweihtes Ei über das Dach des Hauses zum Schutze gegen Blitzschlag. Am Palmsonntag hat man mindestens ein geweihtes Palmkätzchen verschluckt, „daß einen das Wetter nicht verschlagen soll". Ein geweihtes Palmkätzchenbüschelchen hat man aus ähnlichem Grunde mitten in das Flachsfeld gesteckt oder auch in das Gebälk des Hausdaches. Dies auch aus dem Grunde (manchmal), daß die „nixigen Hexeler und Hexen" nicht in das Haus „hineinhexen" können, und daß die bösen „Drudden" einen nachts nicht drucken und drücken können, daß einem die Bettdecke wie eine zentnerschwere Last auf dem Leibe liegt. Nicht unerwähnt soll noch bleiben, daß auch hier mancherorts der Glaube an Hexerei noch ziemlich wach ist, gar wenn man hört, falls dieser oder jener Hexeler oder Hexe den Stall betreten hat, die Kühe auf einmal keine Milch mehr geben oder die Hennen nicht mehr legen oder dem Pferd im Stall über Nacht das Langhaar in lauter Zöpfchen geflochten wurde und zu dämpfen anfängt oder gar zu verenden, wenn man nicht rechtzeitig von irgendwoher einen „Oberhexeler" oder „Schwarzkünstler" oder „Weißkünstler" zur Stelle bringen kann. Doch Spaß beiseite! Manches Mal sind doch merkwürdige, oftmals unerklärliche Fälle auch hier vorgekommen, bei Menschen und Vieh, wie mir seinerzeit des öfteren noch der weithin bekannte Heilkundige Schmid von Mindelheim erzählen konnte.

Doch genug von diesem dämonischen, unheimlichen Kapitel! Nicht, daß es mir so ergeht, wie einmal ein altes Weiblein mir angedroht hat: „Passet nur auf, Herr Pfarrer, Dir lachet und spöttlet so lang, bis amaul alle Hexeler und Hexe und Drudde über Ui kommet und Ui so vernottlet und verschüttlet und verdrucket, daß Dir gwiß nix meah saget . . . und au nix meah in d'Zeitung schreibet!"

Schlechte Erntejahre in früheren Zeiten

„Ischt dös heuer a nixigs Jauhr, it glei a so, a ganz koiz; dean Mischt, wo ma dau im Heuet kriegt haut, den Sauzuig im Auhmed, dös Glump im Ähret; d' Bodebire sind im Feld versoffe, d' Äpfel am Baum verfaulet, it amaule d' Säu hand's gfressa, se hant blos de Grind verschüttlet und alls flacka lau. So a minders Jauhr mueß doch it glei geh hau . . ." − Wie oft konnte man derartige Klagen im heurigen Herbst hören und doch nicht ganz mit Recht. Mag auch die Ernte heuer vielfach weit hinter unseren Erwartungen zurückgeblieben sein, so steht sie doch in gar keinem Verhältnis zu wirklich schlimmen Mißernten in anderen Jahren. Davon könnte unsere Pfarr- und Gemeinde-Chronik folgendes erzählen:

Im Dreißigjährigen Krieg muß es ganz besonders schlimm gewesen sein, als die vier apokalyptischen Reiter über unsere Gaue gejagt sind, jahrelang: der Krieg, die Hungersnot, die Pest und der Tod. Da ist es vorgekommen, daß es nicht bloß wochenlang geregnet hat, sondern monatelang; daß es nicht

bloß ein Mißjahr gegeben hat, sondern daß gleich mehrere solche Mißjahre aufeinander gefolgt sind. So berichtet uns z. B. die Pfarrchronik das Kuriosum, daß man am Neujahrstage 1625 Blumen auf dem Felde pflücken konnte, die Leut hätten „Batenge"-Sträußle (Schlüsselblumen) im Knopfloch getragen, die Roggenähren hätten im April geblüht, aber dann hätte es das Regnen angefangen und fortgeregnet die meiste Zeit über die Jahre 1625 und 1626 und 1627, daß alles Futter und Getreide auf den Feldern buchstäblich verfault sei. Menschen und Vieh hätten sich nur mehr vom Unkraut, Lattich, Brennesseln und Disteln ernähren können; am Schinderanger hätte man die Beiner ausgegraben und zu Mehl vermahlen, von den Bäumen habe man die Rinden geschält und ebenfalls zu Mehl zerrieben und aus alledem daraus ein Brot gebacken; dazu war man genötigt, das Fleisch von verendeten oder sonst ungenießbaren Tieren (Mäusen und dergleichen) auf den Tisch zu bringen, um den Hunger einigermaßen zu stillen. Was Wunder, wenn dann in den folgenden Jahren die Leute massenhaft erkrankten, Typhus, Pest und Tod die Menschen nur so niedermähten und dahinrafften, daß von der Gemeinde Oberkammlach die Hälfte und von der Gemeinde Unterkammlach gleich zwei Drittel der Bevölkerung daran gestorben sind.

Schlimme Erntenotzeiten müssen dann auch die Jahre 1796 und 1797 gewesen sein. 1796 war zudem noch der Krieg im Lande, durch die Schlacht von Kammlach, wo 42 000 Franzosen die Erntefelder zerstampften. Bereits am Sonntag, den 7. August, mußten auf französischen Befehl alle Felder abgeräumt, alles Getreide niedergemäht werden, ob reif oder unreif; ein großes Gelände der Gemeindeflur wurde damals auf Jahre hinaus geschädigt. Im Jahre 1797 folgte dann mit Mißwachs und Teuerung eine verheerende Hornviehseuche, die den größten Teil des Viehbestandes dahinraffte; in wenigen Tagen fielen — allein in Oberkammlach — 19 Ochsen, 130 Kühe und 34 Jungrinder der Seuche zum Opfer. Welcher Ausfall an Milch- und Fettertrag! Wenn ein Bauer damals noch eine gesunde Kuh im Stalle hatte, so war das eine Sehenswürdigkeit und die Leute sagten, diese gehöre in Gold gefaßt. Wenn damals eine Braut ins Haus kam, so fragte man sie nicht, wie vielleicht heutzutage: „Hast auch einen Radio?", sondern „Hast auch eine Kuh?"

Wie die Chronik erzählt, müssen dann auch die Jahre 1816 und 1817 schlechte Erntejahre gewesen sein. 1816 war überhaupt ein ganzes Regenjahr. In 5 Monaten, vom Mai bis September, habe es übrigens nur 11 Tage gegeben, die nicht verregnet waren; wenn sich dann einmal die Sonne gezeigt habe, seien die

Leute aus den Häusern herausgekommen und hätten auf den Knien, mit Freudentränen in den Augen, dem Herrgott für diese Sonnenstrahlen gedankt. Wenn dann in diesem Herbst ein Bauer ein Füderlein Getreide notdürftig heimfahren konnte, habe man es mit Blumen geschmückt und mit lautem Dankgebet in die Tenne geleitet.

1817 war wieder ein verregnetes Mißjahr, wo es bei uns wenig Futter und überhaupt kein Getreide gab, so damals auch in vielen Gegenden Bayerns. Man mußte Getreide und Mehl aus Ungarn einführen und um teures Geld kaufen; ein Scheffel Korn kostete 200 Gulden, ein Laib Brot einen Dukaten. Auf Schubkarren und Handwägelchen haben damals unsere Landleute in der Mindelheimer Stadt Brot und Mehl geholt. Wenn eine Braut einen Stumpen Mehl mit in die Ehe brachte, wurde sie besonders gelobt und willkommen geheißen: „Dö'scht amaule a richtigs Weibsbild!"

So könnten unsere Pfarrbücher noch von so manchem Jahr des Mißwachses und der Erntenot berichten; ich erinnere mich noch an das Jahr 1915, als man Ende August noch kein Körnlein Getreide geborgen hatte und auch die ganze Ernte wegen der vorausgegangenen andauernden Regenwitterung sich bis tief in den Herbst hineinzog; es war schon Kirchweihmontag, da traf ich auf meinem Gange in die Filiale Kirchstetten noch ein Bäuerlein, das gerade daran war, sein letztes Häberlein zu bündeln und heimzuführen.

„Spät seid Ihr heuer dran, Wendl, mit eurem Häberle", sprach ich ihn an, „und nicht viel seh ich, gellet, heuer habt Ihr kein gutes Jahr gehabt!" — „Guet gnue", erwiderte er, „es reicht mir; wisset, ma mueß z'friede sei und eisrem Herrgott dankbar sei; und no ebbes" — ernstlich mit erhobenem Zeigefinger mich belehrend —: „Wisset, wenn ma amaule det flacket und wenn's zum Akraxle kommt, nau schnaufet ma leichter, wenn ma it so viel Zuig ghet haut." Wenige Jahre später ist's für unseren guten Wendl zum Abkraxeln gekommen; ich stand an seinem Sterbebett, und wirklich — er hat leicht geschnauft; er war eben immer zufrieden mit seinem Schicksal, mit seinem Leben, mit seinem Herrgott.

Die denkwürdige Schlacht von Kammlach

Wer hätte das gedacht, daß einmal das stille, verträumte Ober-kammlach in alle französischen Geschichtsbücher kommt und noch in Sperrdruck hervorgehoben wird, daß da Königliche Hoheiten, Marschälle und Generäle, Gelehrte und Professoren kommen, heute noch, um die Erinnerungsstätten von der Schlacht von Kammlach zu besuchen. Und es muß schon wirklich eine richtige Schlacht gewesen sein, ein recht blutiges Gemetzel, weil es in den französischen Geschichtsbüchern heißt: „Le massacre de Cammlac", und weil dabei nicht weni-ger als 1200 bis 1300 Franzosen gefallen sind und hier in Kammlachs Erde ruhen. Es war am 13. August 1796, da sollte − gerade in unserer so stillen, ruhigen Gemeinde − eine der wichtigsten Entscheidungsschlachten zwischen den königs-treuen Franzosen, den Condéern, und andererseits den repu-blikanischen Franzosen, den Revolutionären, ausgetragen werden.

Wie kam es doch, daß gerade unsere schwäbische Heimat, die doch gar nicht an diesem Krieg beteiligt war, in diese Franzo-senkämpfe hineingerissen wurde? Die republikanischen Fran-zosen bekriegten sich damals nicht bloß mit den Königstreuen Frankreichs, sondern auch mit deren Verbündeten, den Öster-reichern; durch einen Sonderfrieden mit Württemberg und Baden hatten sie das Recht erhalten, durch diese Länder zu marschieren, und so konnten diese zügellosen Horden Frank-reichs ungehindert bis in unsere schwäbischen Gaue gelangen. Die von ihnen verfolgten französischen Monarchisten und Adeligen, unfreiwillig Emigranten geworden, suchten Anschluß und Hilfe bei Österreich, aus dem ihre Königin stammte, und waren gerade auf dem Marsch durch unser Schwabenland; der tapfere Vetter des Königs, der Prinz von Condée, war ihr Anführer, daher auch ihr Name „Condéer". Allein, von den immer mehr zurückweichenden Österreichern konnten sie keine Unterstützung bekommen, und so entschloß

sich der mutige Condéer, nach einem bewegten Kriegsrat in
der „Post" zu Mindelheim am 12. August, sich selbst und seine
Getreuen dem von Memmingen her anrückenden Feinde zum
Kampf zu stellen. In Oberkammlach sollte es zum Zusammen-
stoß kommen. Die Republikaner rückten von Erkheim her, die
Condéer von Mindelheim her. Diese hatten bereits am Sonntag, den 7. August, am Mindelberg ihr Lager aufgeschlagen
und rückten gegen Abend des 12. August in drei Abteilungen
gegen Westen vor: der linke Flügel unter dem Grafen von
Viomenille gegen Sontheim zu, die Mitte unter dem persönlichen Kommando des Prinzen von Condée gegen Oberkammlach, der rechte Flügel unter dem Herzog von Enghien (der
später in Paris von Napoleon erschossen wurde) gegen Unterkammlach ausweitend nach Westernach zu. Im ganzen verfüg-
ten die Condéer nicht über 12 000 Mann, nämlich 2000 Infanteristen und 10 000 Kavalleristen einschließlich der Artillerie
mit wenigen Geschützen. – Auf der Gegenseite aber waren es
nahezu 30 000 Mann, die unter dem Oberbefehl der Generäle
Abbatucci und Chilleau standen. Diese waren am 12. August
mittags von Erkheim her über den Kohlberg vorgerückt und
lagerten in den zahlreichen Waldungen vor Oberkammlach;
starke Vorhuten von ihnen hatten bereits die beiden Dörfer
Ober- und Unterkammlach besetzt und fühlten sich besonders
in dem von Hecken und Gräben umgebenen Oberkammlach in
voller Sicherheit. Gegen 1 Uhr nachts waren die Condéer-
Patrouillen bereits vor dem östlichen Eingang des Dorfes
angekommen, und bald darauf auch der Prinz von Condée.
Die Schlacht selbst: Es war Samstag, der 13. August 1796,
nachts 1 Uhr, eben da der Mond im 1. Viertel stehend unter-
ging, da rückten die Kolonnen der Condéer in Oberkammlach
vor und stießen gar bald auf den überraschten Feind. Inzwischen war auch schon der linke Flügel bei Sontheim mit den
Republikanern zusammengestoßen, und bald darauf geriet auf
der ganzen Linie die Schlacht in vollen Gang. In dem Durcheinander des nächtlichen Kampfes gelang es nun den Republikanern, die Steinbrücke über die Kammel, die einzige im
Dorfe, zu erreichen, und da entbrannte nunmehr ein furchtba-

res Ringen und Kämpfen um diese Brücke, über die alle hinüberwollten. Auf der einen Seite der Kammel: die erstklassigen Sturmkolonnen der Condéer mit ihren Kanonen, Mann an Mann zusammengepfercht; auf der anderen Seite drüben: in ebenso dichter Reihe ihre Gegner, aus allen Geschützen und Gewehren Tod und Verderben auf die Condéer speiend. Was Wunder, wenn der frühere Chronist von Oberkammlach, Lehrer Georg Mayer, darüber berichtet: „Bei dieser Brücke habe man jene Nacht im Blute waten können; ihm selbst habe es ein französischer Offizier, der damals an diesem nächtlichen Kampfe teilgenommen habe, bei seiner späteren Durchreise im Jahre 1846 persönlich versichert." — Doch trotz ihrer hohen Verluste gelang es damals den todesmutig vorwärtsstürmenden Condéern, den Übergang über die Brücke zu erzwingen und die Gegner bis zu den Wäldern am Kohlberg zurückzutreiben. Allein beim anbrechenden Morgen wandte sich das Kriegsglück: Die Republikaner hatten frischen Nachschub erhalten, während das immer kleiner werdende Häuflein der Condéer allein geblieben war; der österreichische General Fröhlich, der von ihnen zu Hilfe gerufen war, hatte in der Gegend von Babenhausen zu lange Rast gehalten und war zu spät gekommen; so kann es gehen, wenn man zu lange Brotzeit macht. Nun donnerten die in den Wäldern versteckten Batterien der Republikaner auf die königstreuen Infanteristen und mit einer erdrückenden Übermacht warfen sie dieselben wieder bis Kammlach zurück. Um 5 Uhr morgens tobte noch ein heftiger Kampf westlich vom Dorfe, in den sogenannten „Batzenwiesen" am heutigen Ziegelstadel, und bald mußten sich die Condéer gänzlich zurückziehen; ihre erste kurze Rast war am „Höslewang". Der Kampf war wirklich heiß, blutig und schwer.

Ein dichter Frühnebel hüllte das blutige Schlachtfeld immer noch in graue Schleier, Hunderte von Toten und Hunderte von Verwundeten lagen auf den freien Feldern wie in den Straßen des Dorfes umeinander und aufeinander. Nahezu fünf volle Stunden hatte das furchtbare Ringen und Kämpfen gedauert, ohne den Condéern die erhoffte günstige Entscheidung zu

1796

HIER FAND
AD 1796
DIE SCHLACHT
VON
OBERKAMMLACH
STATT.
UNTER FÜHRUNG
DES
PRINZEN CONDÉ
KÄMPFTEN
KÖNIGSTREUE
GEGEN
REPUBLIKANISCHE
TRUPPEN
+
1200
FRANZOSEN
MUSSTEN DABEI
IHR LEBEN
LASSEN

bringen. Prinz von Condée sah nunmehr ein, daß jeder weitere Widerstand zwecklos sei und entschloß sich zum Rückzug. Trommeln und Signalhörner riefen nun zum Sammeln; doch verging noch eine ganze Stunde, bis man sich vom Feinde trennen konnte. Von der gegenseitigen Erbitterung der Kämpfenden konnte man sich bei Aufräumung des Schlachtfeldes einen Begriff machen, als man nicht wenige Leichen von Soldaten fand, die sich förmlich ineinander verbissen hatten. Auf beiden Seiten hatte es sehr hohe Verluste gegeben: Man schätzte sie – nicht zu hoch – auf 1200 bis 1300 Mann, darunter 94 Offiziere und Adelige, 2 Marschälle und mehrere Generäle, auf der Seite der Condéer der Generalstabschef des Prinzen, Baron von Rochefoucould, und auf seiten der Republikaner General Chilleau. Auch die Republikaner waren über ihre schweren Verluste sehr erschüttert und ebenfalls recht kampfesmüde geworden, sie verfolgten ihre Gegner nicht mehr weiter. Und so konnten diese im Schutze des immer noch herrschenden Nebels und in Deckung der Wälder am Mindelberg glücklich wieder Mindelheim erreichen und gegen Abend ihre Ruhestellung in Buchloe beziehen.

Die Schlacht hatte nicht bloß den Kriegführenden, sondern auch der ganzen Gemeinde Oberkammlach tiefe und schwere Wunden geschlagen. Viele Häuser waren vollständig ausgeplündert und ausgeleert, ruiniert und verwüstet, besonders durch die Geschoßeinschläge und Brände, nicht zuletzt auch der Pfarrhof und die Wirtschaft. Die Pfarrkirche blieb gottlob verschont, abgesehen vom Raub der hl. Gefäße. Die Ernte war jenen Kriegssommer so gut wie verloren; bereits vor der Schlacht am Sonntag, den 7. August, mußte zwischen Auerbach und Kammlach das ganze, noch nicht ganz reife Getreidefeld abgeräumt werden, damit für das Heer der Condéer ein Kavallerielager ausgesteckt werden konnte. Die übrigen Felder und Wiesen waren von den Tausenden der fremden Krieger und ihren Pferden zertreten und zerstampft; was von Getreide oder Heu in der Tenne lag, wurde einfach requiriert. Ganze Viehherden wurden aus den Ställen gejagt, geschlachtet oder fortgetrieben. Man vergesse nicht, daß ja mindestens 30 bis

40 000 Mann von den beiden Dörfern Ober- und Unterkammlach zu verproviantieren waren. So kann man es verstehen,
wenn der damalige Pfarrer und Dekan von Kammlach, der
H. H. Ignaz Reisch, der diese Schreckenstage miterlebte und
an deren Folgen kurz darauf verstarb, den Schaden, den die
Franzosen in der Pfarrei angerichtet hätten, auf 80 000 Gulden
geschätzt, eine gewaltig hohe Summe für die damalige Zeit.
Eine schwere, opfervolle Arbeit war dann für die Bewohner
von Oberkammlach die Aufräumung des ganzen Schlachtfeldes, das sich von der Josefskapelle bis zum Kohlberg ausge-
dehnt hatte. Zuerst galt es, Hunderte von hilflosen Verwundeten zu bergen und in die Häuser zu bringen; dann
mußten alle verfügbaren Fuhrwerke bereitgestellt werden, um
wenigstens die Schwerverwundeten nach Mindelheim oder in
das Hospital der Condéer nach Buchloe zu überführen; viele
erlagen auf diesem Transport ihren Wunden, darunter zwei
Generäle. — Dann galt es die vielen, 12 bis 1300 zählenden
Gefallenen der Schlacht zu sammeln und zu begraben, eine
Aufgabe, welche die Kriegführenden zumeist den Oberkammlachern überlassen hatten; zuerst wurden sie nur ober-
flächlich verscharrt, daß sie gar bald, bei der sommerlichen
Wärme, die Luft „verpesteten" und ihre Gräber einen gräßli-
chen Anblick boten. Nach vier Wochen ging man dann daran,
die Toten in ordnungsgemäßen würdigen Ruhestätten zu
begraben, wo die meisten Gefallenen lagen. Das eine Haupt-
grab auf der Batzenwies gegenüber dem heutigen Ziegelstadel
an der Hauptstraße nach Memmingen, das andere um die
Josefskapelle an der Straße nach Mindelheim, wie sie heute
noch durch Kreuz und Gedenkplatte bezeichnet sind.
Sonst feierte in jenen Tagen — am 15. August, am Feste Mariä
Himmelfahrt — die Pfarrei Kammlach ihr althergebrachtes
Patroziniumsfest. Wir glauben es gerne, wenn der Chronist das
damalige Fest von 1796 ein miserabliges Fest nennt, wenn so
viele fremde „Festgäste" alles auffressen und Häuser und Leute
„malträtieren" und „notzüchtigen"; wir glauben es gerne,
wenn damals den Oberkammlachern der Appetit zum Fest-
mahle vergangen ist.

Allerlei Besuche im Pfarrhof

Viel Interessantes könnte die Chronik der Pfarrei wie das Gästebuch des Hauses erzählen von den vielerlei Besuchen, die der kleine, unscheinbare, aber altehrwürdige, idyllische Pfarrhof von Oberkammlach in seinen Räumen schon empfangen hat. Verschiedener Nationen Angehörige, wie Schweden, Franzosen, Russen, Serben, Italiener, Amerikaner, wie verschiedener Stände und Berufe, Erzbischöfe und Bischöfe, Minister und Generäle, Männer der Kunst und der Wissenschaft wie der Politik und der Partei, alle Schattierungen und Richtungen, hoch und nieder bis herab zum armen Habenichts der Straße.

Zwar ist einmal dem Kammlacher Pfarrhof kein gutes Zeugnis ausgestellt worden, als der sel. Bischof Maximilian von Augsburg einer Kammlacher Deputation gegenüber den Ausspruch tat: „Wissen Sie auch, daß der Pfarrhof von Oberkammlach das größte Loch meiner Diözese ist?" Worauf der damalige Beigeordnete von Unterkammlach ihm schlagfertig zur Antwort gab: „Man täts drzue it moine, Herr Bischof, weil mir in 100 Jauhr bloß drei Pfarrer ghött hand, wo jeder über 30 Jauhr dau dinn gwea ischt und drzua koiner haut ar Schwindsucht glei gseah!" Unwillkürlich mußte der sonst so gestrenge Herr Bischof lächeln und zugeben: „Da habt Ihr auch wieder recht, bin selbst immer gerne dort auf Besuch gewesen", und so ist es manchem anderen Besucher auch schon gegangen, und der jetzige Inhaber sitzt auch schon wieder über 40 Jahre in diesem verrufenen „Loch der Diözese", ohne darin erstickt zu sein. – Die ersten interessanten Besucher, von denen die Pfarrchronik berichtet, mögen wohl die Herrschaften vom Mindelheimer Schloß gewesen sein, nicht zuletzt die Ritter von Frundsberg, die sehr viel nach Oberkammlach kamen zum Jagen oder zum Fischen und dann mit ihrem Gefolge im Pfarrhofe zum Mahle geladen waren. Schließlich müssen aber dem Gastgeber diese häufigen, kostspieligen Besuche doch zu einer großen Last geworden sein. Denn um das Jahr 1600 berichtet der

damalige Pfarrherr Haintzeler in einem Schreiben an das Bischöfliche Ordinariat: „Es würde allmählich eine rechte Landplage für den Pfarrhof diese häufigen Eß- und Trinkgelage. Immer im Frühjahr und Herbst, wann die Herrschaftlichen Weiher von Kammlach ausgefischt würden, müsse er oft für 14 Personen ein Mahl geben, und das außer den Vögten und Fischern von Mindelheim auch noch den Honorationen der Pfarrei, wie dem Amtmann (Bürgermeister), dem Frühmesser und dem Mesner, den beiden Heiligenpflegern und sonst noch etlichen Bauern. Dazu käme dann noch der Frundsberg'sche Jahrtag am Dorotheatage, wo er außer den Herrschaften von Mindelheim noch die Nachbarpriester ausspeisen müsse. Ganz arg sei es in der Fasnacht, wo es hier üblich sei, daß die ganze Gemeinde, jung und alt, in den Pfarrhof komme und ein „Oehrle" (eine Art Kücheln) und einen Trunk holen wölle." (Bischöfliches Archiv, Augsburg).
Als dann darauf der Dreißigjährige Krieg mit all seinen Schrekken auch das stille Kammeltal heimgesucht, da waren es vor allem die Schweden, die am Georgitag 1634 in die Ortschaft hereinstürmten und Kirche und Pfarrhof von Grund aus zerstörten, nachdem sie alles, was dort zu holen war, geraubt und geplündert hatten. Den damaligen Pfarrherrn Karl Kohler vertrieben sie von Haus und Hof, als er kaum ein Jahr in der Pfarrei gewirkt hatte. Bereits im November darauf berichtet er in einer Eingabe an das Bischöfliche Ordinariat: „Man möge ihm jetzt die Pfarrei Mattsies übertragen, weil er sich in Kammlach nicht mehr halten könne. Dorf und Kirche sei zerstört, der Pfarrhof so ruiniert, daß er nicht mehr darin wohnen könne, und das Einkommen sei derart schlecht, daß er nicht mehr davon leben könne; denn was er von beiden Kammlach als Jahreszehnteinnahme erhalten habe: einen Sack Roggen und einen Sack Haber, sei zum Leben zu wenig und zum Sterben zuviel."
Jahrzehntelang blieb nun das Pfarrhaus verwaist und verödet, bis nach dem 30jährigen Kriege der neue Pfarrherr Hans Jakob Betz daranging, Kirche und Pfarrhof wieder aufzubauen, so um das Jahr 1665. Allein dieser gute Herr mußte sich etwas zu

hoch verrechnet und verbaut und seinen Kammlachern auf einmal eine zu große Last aufgebürdet haben, so daß jetzt vielfach recht ungebetene Besuche ins Pfarrhaus kamen, nämlich die vielerlei Handwerks- und Bauleute, die den Herrn Pfarrer an seine vielen und großen Schulden erinnerten, so daß er nachts in aller Stille aus Kammlach fliehen mußte, bis er dann im Tirol in der Gemeinde Nassereith einen neuen Wirkungskreis gefunden hatte.

Eine schlimme Zeit für den Pfarrhof Oberkammlach war es dann wieder, als während des denkwürdigen „Massacre de Cammlach" am 14. August 1796 die französischen Revolutionäre höchst unwillkommene Patroziniumsgäste waren. Der damalige Stadtpfarrer Brunnemair von Mindelheim berichtet darüber in seiner Pfarrchronik: „In diesem heißen und blutigen Kampfe wurde die Kirche und der Pfarrhof arg geplündert und ruiniert: Kanonenkugeln schlugen durch den Pfarrhof. Noch mitten in der Nacht flüchtete der Pfarrer Ignaz Reisch aus dem Pfarrhof und versteckte sich einen Tag lang ohne alle Nahrung in einem Nachbarhause; bei der Rückkehr fand er sein Haus vollständig ausgeplündert. Er ging dann nach Mindelheim, um bei seinem Freunde, dem Stadtpfarrer, Unterstützung zu suchen; infolge der erlebten Schreckensszenen verfiel er bald in eine Krankheit, welcher er nach zwei Jahren erlag.

„Gäste kamen - Gäste gingen", singt die Sieglinde in der „Walküre", so könnte auch der jeweilige Pfarrherr von Oberkammlach manches Liedlein singen von den verschiedenen Gästen, die in seinem Pfarrhause ein- und ausgegangen sind. Gäste in verschiedenen Preislagen und Qualitäten, angefangen von dem Manne im Rufe der Heiligkeit bis zu den Lumpen und Spitzbuben, die in nächtlicher Stille im Pfarrhof geräubert haben, angefangen von seiner Majestät dem König oder Bischof bis herab zum schlichten Bettelmann, der hungernd und frierend an der Türe geklopft.

Ein hoher Besuch war es gewiß, als am 30. August 1829 die Königl. Bayer. Hofequipage vor dem hiesigen Pfarrhause hielt und Seine Majestät König Ludwig I. von Bayern mit seiner

Gemahlin Theresia auf seiner Durchreise hier kurzen Besuch machte. An einem Maientage des Jahres 1836 war es, da kamen zwei vornehme Landauer angefahren mit noblen Herrschaften aus dem französischen Hochadel, es waren die Angehörigen, Witwen und Töchter, der in der Schlacht von Kammlach 1796 gefallenen französischen Prinzen, Marschälle und Generäle; sie hatten hier einen Jahrtag für einen „Condeer Gedächtnisgottesdienst" gestiftet und die Anbringung einer Gedenktafel in der Pfarrkirche mit 382 Gulden angeschafft.

Von Besuchen geistlicher Prominenter wäre zu erwähnen der bekannte Erzbischof von München-Freising, Dr. Antonius v. Steichele, der zur Zeit des unglücklichen Bayern-Königs Ludwig II. Oberhirte von München war und hier wohl so manches Anliegen mit seinem Wertinger Landsmann und Jugendfreund, dem hiesigen Dekan Mathias Müller, besprochen haben mag; am Erntedankfest 1881 hatte er in unserer Kirche seinen Pontifikalgottesdienst gehalten. Ebenso besuchte manches Mal der ehemalige Bischof Maximilian von Augsburg seinen Studien- und Alterskollegen hier, den Pfarrer und Geistl. Rat Andreas Mayer; wie auch in den letzten Jahren der weithin bekannte Münchner Weihbischof Dr. Neuhäusler, der mit Pastor Niemöller 4½ Jahre KZ-Haft in Dachau geteilt, den jetzigen Pfarrherrn. Wenn ich eingangs von einem Manne sprach, der in den Ruf der Heiligkeit gekommen ist, so denke ich da an den berühmten Jesuitenpater Rupert Mayer von München, der in der Bürgersaalgruft dort Tag und Nacht von vielen Gläubigen besucht und angerufen wird und der seinerzeit vom 24. bis 26. April 1920 in unserer Pfarrkirche gepredigt und amtiert hat. Unvergeßlich noch der Eindruck, wie dieser Pater in aufrechter Haltung — er war ja jahrelang Divisionspfarrer und mit hohen Tapferkeitsauszeichnungen geehrt — langsam und mühsam seine Beinprothese die Kanzeltreppe hinaufschleppte, um dann in feurigen, machtvollen Worten vor lautloser Stille der überfüllten Kirche das Evangelium der Zeit zu verkünden.

Aus der Reihe der zahlreichen Gäste aus geistlichen Häusern und Klöstern sei noch jener berühmt gewordene Pfarrherr erwähnt, der Mann, der einmal Europa kuriert hat, wie es in einem Buche von ihm heißt, nämlich der Pfarrer Sebastian Kneipp von Wörishofen. Da sein Geschlecht ja aus der Pfarrei Kammlach stammte, besuchte er öfters hier seine Vettern und Basen und hielt auch einmal in unserer Pfarrkirche an Mariä Himmelfahrt eine interessante Festpredigt mit dem Thema: „Von neunerlei Heilkräutlein für Leib und Seele."

Von weltlichen Gästen weiß die Chronik der Pfarrei und das Gästebuch des Hauses auch mancherlei zu erzählen. Nicht uninteressant ist es zu hören, daß der später vielfach genannte Frankenführer und Gauleiter Julius Streicher als seinerzeitiger Hilfslehrer von Unterkammlach (1904) viel in unserem Pfarrhause ein- und ausgegangen ist und von seinem damaligen Vorgesetzten, Pfarrer Andreas Mayer, folgende rühmende Qualifikation vermerkt erhielt: „Ein tüchtiger, schneidiger Lehrer mit sehr guter Lehrbefähigung, ausgezeichnetem Unterrichtserfolg und vorbildlichem Verhalten in- und außerhalb der Schule; besucht fleißig die pfarrlichen Gottesdienste und singt als guter Tenorsänger fleißig auf dem Kirchenchor mit." — Wie sich doch die Zeiten ändern — und die Menschen! Illustre Pfarrhofgäste waren gegen Ende des 1. Weltkrieges auch die bekannten sozialdemokratischen Landtagsabgeordneten und späteren Revolutionsminister Frhr. von Haller und Joh. Timm, die ich von ihrem Kuraufenthalt in meiner Allgäuer Heimatgemeinde Mittelberg her gekannt und die die Lebensmittelnot aus der Großstadt hinaus aufs Land getrieben hatte; sie zeigten sich aber auch erkenntlich für die empfangenen Brot- und Fleischmarken und retteten unsere altberühmte Frundsbergglocke vor der Zwangsenteignung durch ihr energisches Eintreten beim damaligen Kriegsministerium, sich damals schon — es war Ende Oktober 1918 — als die zukünftigen Herren der Lage fühlend. — Eine interessante Rolle durfte unser Pfarrhaus in der kurz nachfolgenden, aufregenden Zeit des damaligen Kriegsendes spielen, als tagtäglich demobilisierte Truppen durch unser Dorf marschierten und z. T. hier auch Quartiere bezogen. Es war am 12. Dezember 1918, als es um den Weitermarsch einer hier einquartierten Eisenbahnkompanie und Fuhrpark-Kolonne ging, da verhandelten im oberen

Parterrezimmer des Pfarrhofes die Offiziere über den Abzugstermin und Marschweg, in der unteren Pfarrhofstube die Mannschaften des Soldaten- und Arbeiterrates, die ebenfalls im Pfarrhof mit ihren Pferden Unterkunft gefunden hatten. Der Pfarrer mußte nun als Vermittler und Botschafter zwischen beiden Körperschaften fungieren, bis eine Einigung zustande kam.

Spätere militärische Einquartierungen brachten dann mannigfache hohe Militärs als Pfarrhofgäste, so die im letzten Weltkrieg gefallenen Regimentskommandeure Major Kuprion und Oberst Ludwig Streil, früher Adjutant beim Leiberkommandeur Epp. Nicht uninteressant ist es zu erfahren, daß bei der großen Einquartierung des 19. Reichswehrregiments am 13. Juni 1922 dessen Obermusikmeister Georg Fürst — der letzte schneidige Spielzugführer seinerzeit beim bayer. Leibregiment, berühmt geworden durch seinen Badenweiler-Marsch — ebenfalls im Pfarrhofe einquartiert war und am Abend mit seiner 44 Mann zählenden Militärmusik gelegentlich einer Standmusik diesen damals noch unbekannten Badenweiler-Marsch schmissig zu Gehör brachte und die Klavierbearbeitung desselben seinem Gastgeber im Pfarrhause gewidmet hat.

Nachforschungen über die seinerzeitige bedeutsame Schlacht bei Kammlach vom Jahre 1796 führte dann manch illustre Gäste ins hiesige Pfarrhaus; so im Mai und Juli 1934 den Reichswehrminister Otto v. Geßler; am 29. Oktober 1946 den französischen General Humbert, Kommandeur der Besatzungstruppen in Freudenstadt, der ein Nachkomme einer der bei Kammlach gefallenen Marschälle war. Wiederum stand ein vornehmes Auto mit der Trikolore auf dem Kühler im März 1954 vor dem Pfarrhaus, als der General L.D. Bézégher, Kommandeur der französischen Feldgendarmerie, mit begleitenden Offizieren hier vorsprach.

Auch nicht wenige Vertreter aus Kunst und Wissenschaft findet man als Gäste in dem „Goldenen Buch" des Pfarrhofes verzeichnet. Ein Kunstmaler-Trio aus München: Thienhaus, Heise, Herzfeld sowie Tiermaler Schleyer, Bildhauer Funk aus Stuttgart, Akademieprofessor und Bildhauer Berndl von Mün-

chen u. a. Besonders aber aus musikalischen Kreisen gab es
manchen Besuch. Abgesehen von den verschiedenen bekannten und gefeierten Vertretern der Mindelheimer Gesangs- und
Musikwelt, die nicht selten in unserem Hause sangen und
musizierten, weist das Gästebuch manche interessante Namen
auf. Im September 1922 war es der berühmte Liszt-Schüler
Professor Franz Moißl von der Staatl. Musikakademie in Wien,
der ins Buch geschrieben hatte: „Von Wien-Klosterneuburg
nach Oberkammlach ist sicherlich kein Katzensprung, aber die
holde Macht der Kunst bringt die Menschen doch zusammen,
wenn sie nur wollen!" — Weiterhin haben sich eingetragen:
1921 der Augsburger Domkapellmeister Cassian Reiser, 1924
der Obermusikmeister Schifferl von der Reichswehr in München, 1934 der Standartenmusikführer und Marschkomponist
Synderhoff, 1947 der Generalmusikdirektor Kretschmar vom
Norddeutschen Rundfunk und im September 1954 der Generalmusikdirektor Eugen Jochum vom Staatstheater und Radio
München.
Zwei treue Pfarrhausgäste sollen endlich noch aus dem Reiche

der Musik nicht unerwähnt bleiben: Der einst berühmte, spanische Kammersänger Juan Raventos, seinerzeit 1. Tenor der Pariser Großen Oper und zuletzt Gesangsmeister an der Musikakademie in Barcelona. Er hatte seine Freude daran, in der Pfarrhofsküche mit zu kochen und dabei Rossini-Melodien zu summen und zu pfeifen, aber auch in der Kirche mitzusingen und mitzubeten; jeden Abend pflegte er vor dem Schlafengehen ein rotes Wachslichtlein anzuzünden zum Gedenken an seine lieben Toten. — Der andere Gast war der gefeierte Wagnersänger der Bayreuther Festspiele, Kammer-sänger Martin Kremer, jetzt Heldentenor der Staatsoper in Wiesbaden, der öfters hier zur Erholung weilte und auch nicht vergaß, in der Kirche seine wohlklingende Stimme beim Got-tesdienste erklingen zu lassen.

150 Jahre lang hatte jetzt der Kammlacher Pfarrhof eine beschauliche Ruhe, bis der letzte Weltkrieg auch in unser Dorf gekommen war. Darüber berichtet nunmehr das Tagebuch der Pfarrchronik: „Es war Donnerstag, der 26. April 1945, gegen abends ½8 Uhr (Sommerszeit). Da stürmt eine Gruppe von ca. 12 — 14 Amerikanern mit dem Roten Kreuz am Helm unten beim Pfarrhof herein, alle mit vorgehaltenen Gewehren, wahrscheinlich eine Sanitätsabteilung, und verlangt für alle Quartier; sie stürmen in alle Zimmer hinein bis hinunter in den Keller, fragen nach Waffen und verteilen sich dann auf die einzelnen Räume. Nur einer versteht Deutsch, ein kleiner Mann mit Brille, seinen Gesichtszügen nach ein deutscher Abkömmling, wahrscheinlich der Sanitätsoffizier, ist freund-lich und genügsam; er richtet sofort die untere Wohnstube als Krankenrevier ein und in wenigen Minuten ist alles parat: Zwei Lager am Boden für blutende Verwundete; das Kanapee ist Ruheplätzchen für den Arzt, der vor Müdigkeit gleich ein-schläft, ein weißer Schrank mit vielerlei Medikamenten und Verbandzeug steht neben dem Tisch; die anderen verteilen sich selbst auf die einzelnen Zimmer, sie sind mit allem zufrieden und genügsam, freundlich und mitteilsam, nur zwei sind mür-risch und legen sich gleich zu Bett. Wie die anderen nun herausgefunden hatten, daß ich der Pfarrer sei, der ‚Father',

werden sie immer vertraulicher und laden mich zu ihrem Abendtisch in unserem oberen Wohnzimmer ein, wo sich alle versammelt hatten; wir sitzen um den Tisch herum und nun bringen sie von allem: Fleisch und Wurst in appetitlichen Dosen, Biskuits, Schokolade, Süßigkeiten, roten und weißen Schaumwein, für uns arme Deutsche lauter unbekannte Begriffe geworden; dann eine Zigarette nach der anderen: ‚Chesterfield, Camel, Luky Strike‘ wirbelts durcheinander und alle soll ich rauchen, ich der Nichtraucher! Ich flüchte mich ans Klavier und suche mein Heil in der Musik. Meine Schwester und ich spielen ihnen vor, das gefällt ihnen und sie applaudieren freudig. Jazzschlager und Straußwalzer begeistern sie am meisten; bei klassischer Musik machen sie Miene zum müden Schlummern. Da flüsterte ich meiner Schwester zu: ‚Den Badenweiler-Marsch hauen wir herunter!‘ Und wirklich, da werden sie alle wieder munter und lebhaft und klatschen lauten Beifall; einer aber meint doch etwas mißtrauisch: ‚Du viel Military!‘ – Ein anderer hat unterdessen meinen Schreibtisch mit allen Fächern und Schubladen durchmustert und ein Schächtelchen mit geweihten Medaillen entdeckt; jeder will eine haben und dankt freudig. Einer hat schon welche, ein schwarzhaariger Spanier aus Puerto Rico, und trägt deren mehrere nebst Photokapseln seiner verschiedenen Schatzkas harmonisch vereinigt an einer Schnur um den Hals. – Nur schade, daß die Unterhaltung etwas darunter leidet, weil alle englisch sprechen, nur ich nicht; aber ein Gemisch aus deutschen, lateinischen, französischen, italienischen Brocken hilft über manche Lücke hinweg. Schade auch, daß wir alle nur um ein Kerzenlicht herumsitzen müssen; alle elektrischen Leitungsdrähte sind abgeschnitten; manchmal ist es mir doch etwas unheimlich zu Mut. Ab und zu fallen noch Schüsse von Gewehren und Maschinenpistolen aus den Wäldern zu uns herein; verstreute SS-Formationen sind dort noch versteckt; unheimliches Krachen in dieser finsteren Nacht!

Und nun gehts allgemein der Ruhe zu: Müde und abgespannt sind sie alle und richten sich ihr Lager zurecht; mit warmen Wolldecken, Polstern und Kissen sind sie gut versorgt. Einzelne gehen noch in die Küche hinunter und kochen sich auf ihren Spiritusapparaten Tee und Eier; ein freundlicher Neger bittet noch um eine Zwiebel, um sich sein Konservenfleisch schmackhafter zu machen; ein anderer will noch ein Stück Schwarzbrot, unsere Haus-Vroni muß aber zuerst herunterbeißen und essen, er prüft damit, ob es nicht etwa vergiftet ist. — Gegen Mitternacht verlasse ich dann mit meinen Angehörigen das Pfarrhaus, um auch unsere Schlafstätte aufzusuchen, nämlich im Kuhstall unseres Pfarrstadels, wo wir auf Strohlager unsere Liegestätten haben."

Außerordentlich viel Besuche erhielt das sonst so stille Pfarrhaus in den Tagen nach dem Einmarsch der Amerikaner. Vom frühesten Morgen bis tief in die Nacht hinein geht es unaufhörlich aus und ein; in allen Zimmern und Hausgängen, vor und hinter dem Hause warten sie auf den „Herrn Hochwürden", Leute mit den verschiedensten Anliegen; abgehauene Wehrmachtsmänner, die nicht wissen wohin. Urlaubssoldaten, die keine Entlassungspapiere haben; evakuierte Frauen, die um ihre SS-Männer fürchten; „Bombenweiber", die jetzt heimfahren wollen; „Gäste des Führers", denen die Luft jetzt zu dick wird; nicht wenige Parteianhänger, die eine pfarramtliche Bestätigung erhalten wollen, sie seien in ihrem Leben niemals richtige Hitler gewesen; Schutzpolizisten, die ihre Verhaftung befürchten; Einheimische, die sich über gestohlene Wertsachen wie Uhren, Schmucksachen etc. beklagen; andere, die jammern, von den Russen oder den Polen geplündert worden zu sein; andere, denen die Italiener das Rad oder die Franzosen das Radio abgenommen hätten; eine junge Frau aus dem Rheinland weint verschämt und verbittert darüber, daß sie gleich beim Einmarsch der fremden Truppen vergewaltigt worden sei; andere wollen sofort drüben in der Kirche beichten —, so geht es den ganzen Tag fort, von früh bis spät. Alles kommt in den Pfarrhof, der jetzt auf einmal in den Mittelpunkt des öffentlichen Interesses getreten ist, und hier erhofft man allenthalben Hilfe in Rat und Tat, wohlwollende Fürsprache des Pfarrherrn — drüben bei den Amerikanern in der nachbarlichen Kommandantur wie droben beim Herrgott im Himmel!

Kirchweih im Heimatdorf

Es liegt soviel Heimat in diesem Worte. Man denkt zurück an das heimatliche Kirchlein, das immer an diesem Tag im Festschmuck prangt, an seinen „Ture", wo das weiß-rote Kirchweihfähnele festesfroh im Winde flattert: bereits am Samstag vorher hats der Mesner hinausgehängt, nachdem er den Festtag eingeläutet hat. Und wenn der Tag dann selber gekommen, dann klingen die Glocken vom Turme so voll und feierlich und rufen die Gläubigen zur Kirche und sie kommen: die Mannsbilder in der Festtagsmontur, manche sogar noch im schwarzen Frack des Hochzeitstages, und das Weibervolk im schönsten „Häs", soweit sie nicht daheim den Kirchweihbraten hüten müssen.

Und in der Kirche herrscht heute auch ein feierlicher Ton: Der Schullehrer hat eine bessere Messe aufgelegt und der Herr Pfarrer einen besseren Chorrock „eingeschläft", und heute erinnert er in seiner Predigt ernst und eindringlich seine Pfarrkinder, wie sie dem lieben Gott dankbar sein sollen für den Segen des Gotteshauses, wie gerade hier nach dem Alltag der Arbeit ein Ruheplätzchen für Leib und Seele und inmitten der modernen Hast und Unruhe ein Plätzchen des Friedens sei.

Und nun kommt die Kirchweihfeier daheim in der Familie. Wie schön war es doch, als man noch wirklich heimgehen konnte in das liebe Vaterhaus, als Mutter noch lebte und sich dann der Kreis der Familie schloß in friedlicher Harmonie um den Kirchweihtisch! Und nun beginnt der Hausvater mit seiner kräftigen Baßstimme feierlich das Tischgebet, während bereits die Mutter — heute in der großen Suppenschüssel — eine ganze Ladung von Knödeln aller Art hereinträgt. Und schon ist die Aufmerksamkeit vom Tischgebet auf die Polonaise der Knödel abgelenkt. „Aber he da", ruft die Mutter dazwischen, „zuerst wird betet, dir überläschtige Siacha, wenndr gwiß iaz scho Buckl und Bau voll hau!" Aber kaum hat der Vater mit dem Kreuzmachen das Tischgebet feierlich beschlossen, als schon

die Generaloffensive auf die Knödel beginnt; der Sturmangriff ist nicht mehr aufzuhalten. Und nun kommt die Hauptmahlzeit; wenn's gerade keine Kirchweihgans oder Ente ist, dann vielleicht doch ein gebratener Giggeler, den man wegen seiner Schwindsucht auf dem Markte nicht losgebracht hat, schließlich dann das Schweinerne mit den sauren Bodenbiren, genannt Kartoffelsalat. Zuletzt marschiert noch der Kirchweihgugelhopf und der obligate Holbeerdatsche auf. Einen Wein dazu gibt's heuer nicht, weil man einen Bulldog gekauft hat. Dem Vater aber holt man im Maßkrug eine halbe Bier, indem daß er heute Sonderbehandlung und Separatbedienung hat und indem daß der häusliche Beerleswein ihm vielleicht den Magen umkehren könnte.

„Gell, esset fei it z'viel, it daß dr verschnöllet!" konnte ernsthaft der Vater beim Mahle mahnen. Und als dann die Mutter nach den üppigen Knödeln und Fleischern und Nudeln noch die verschiedensten Datschen und Dotschen auf den Tisch gesetzt, da ist einmal unser eßlustiger Knecht, als sein übervoller Magen schon von den Augen satt bekommen hatte, in den Stall hinübergegangen, vor die größte Kuh hingestanden und hat treuherzig gemeint: „Ja, wenn i nur heut dein Ranze hätt!" Wie's dem Abend zugeht, da pressierts auf einmal mit dem Abendessen, wenigstens bei der Jugend, weil man schon die Kirchweihmusik im Kopfe hat — und in den Füßen. Wie der Schorschl vom nahen Wirt den ersten Schottisch hört, probiert er's schon heimlich mit den Füßen unterm Tisch. Will sonst die Jugend immer möglichst jung sein, heute abend aber will alles schon so und so alt sein, daß man auf die Kirchweihmusik gehen kann. Und nach dem anfänglichen Brummen des Vaters und dem Mamsen der Mutter und nach den heiligsten Beteuerungen und Versprechungen und Vorsätzen wird dann die Erlaubnis zur Kirchweihmusik gegeben, womit denn der Kirchweihtag beschlossen wird.

So denkt man oft noch in späteren Jahren, wenn man auch schon weiß Gott wo draußen steht im Leben, an diese Erlebnisse seiner Jugendzeit zurück, als man daheim noch ein frohes Kirchweihfest gefeiert hat.

Schwäbische
Originale

Die alte Adelwarthin von Oberkammlach

Von „Hexen" und „Hexelern"

An der Kammel drunten wohnte sie, die alte „Adelwarthe", in einem zerfallenen, niedrigen Häuschen, ähnlich wie die alte Knusperhexe im Märchenspiel von Hänsel und Gretel, aber sonst ein harmloses, gutmütiges Weiblein. Sie war ganz befangen von ihrem Hexenglauben, und wenn ich sie eines anderen belehren wollte, meinte sie oft treuherzig: „Send schtill, die junge Herre wisset nix und glaubet nix und send dümmer wie d'Nacht!" Dann konnte sie anfangen, mir ein ganzes Register aufzuzählen, wer alles von Ober- und von Unter-Kammlach „Hexe" und „Hexeler" sei, und zwar mit den verschiedenen Graden, wie beim Freimaurerorden.

Eines Tages hielt sie mich am Wege an mit dem vorwurfsvollen Ton: „Jez loset, wenn Ihr no amol so einer nixigen Hexe a so schöne Leicharede tut wie necht der z'Unterkammle dunt, nachher schrei i vürre, wisset Ihr au, daß diesell alle Nacht um 12e auf de Mischthaufe rumgschtande ischt und ghexet haut?" – Wirklich, einmal hätte sie es fast probiert: Als ich in Oberkammlach einen ehrsamen Bürger begrub, rief sie wirklich mit halblauter Stimme in die Trauerversammlung hinein: „Verloge ischt, daß dös a braver Ma gwea sei; was wird der Pfarrer dau wisse, a Hexeler isch'r gwea, a ganz koinzer, haut alle Nauchbaure d'Küah und d'Gäul verhext!" – Damals aber erhielt sie vom Mesner und von mir eine richtige Standeslehre.

Die verhexte Henn

Zu ihren wenigen Haustieren gehörte eine alte Henne, die sie behütete und beschützte wie ihr teuerstes Kind, in der ständigen Sorge, das arme Tier möchte von den bösen Menschen verhext werden. Und da zeigte sie mir eine ganze Reihe von kleinen Medaillen, die sie der Henn unter den Federn anlegen wollte. Als ich mich aber weigerte, diese Medaillen für ihren Aberglauben zu weihen, kam sie mit ihrer Henne ins Pfarrhaus herüber, um einen von den gerade hier zur Mission weilenden Kapuzinerpatres um die Benediktion zu bitten. Als aber der Herr Pater, um sie los zu werden, kurzer Hand sie und die Henne gesegnet hatte, kam sie entrüstet zu mir: „Mit deam isch au nix gwea, der ischt z'lagg gwea, daß'r in a Buech neigluaget und a Liecht azunda haut!"

Der verspeiste Hund

Einmal war sie ganz untröstlich, weil sie ihr kleines dickes Hündle eingraben mußte; es war an Fettsucht eingegangen, eben weil es, wie die Henn, zur Bewegungslosigkeit und zum Ausgangsverbot verurteilt war, um ja nicht mit bösen Menschen in Berührung zu kommen und verhext zu werden. Als ich scherzhaft meinte, der Hund müsse doch viel Fett und ein feistes Fleisch gehabt haben, sagte sie reumütig: „Gellet, i hätt'n solle no it eigrabe und hätt'n esse solle." Wahrhaftig: als ich am nächsten Tage an ihrem Haus vorbei kam, drang ein

Die alte Adelwarthin

Gestank mir entgegen wie aus einer Seifensiederei. „Kommt rei", rief sie zu mir heraus, „i hau fei de Hund wieder rausgrabe und jez gsotte; a Trumm hauni fei schon gesse, ischt gar it koinz gwea; went'rn it au probiere?" Allein ich verzichtete auf diese Mahlzeit, mußte mich aber wirklich wundern: Was muß doch dieses Weiblein für einen guten Appetit und einen guten Magen haben; was hätten doch andere Menschenkinder für Magenbeschwerden und Verdauungsstörungen und Blinddarmreizungen und weiß Gott was alles noch bekommen; dem alten Weiblein war es eine Götterspeise!

Der sterbende Gatte

Als ihr Mann, ein biederer Maurer, im Sterben lag, brachte sie eine Kerze herein, legte sie ihm aufs Nachttischchen daneben und gab ihm noch eine Zündholzschachtel in die Hand mit den kurzen Abschiedsworten: „Weischt, i ka it alleweil vor di nahocke; i muaß iez an Kohlberg hintere und a Holz holle. Wenn d'moinscht, daß stirbscht, nauche zündscht dös Liecht a und beatescht. Wenn i nauchet hoikomm, nau sieh i scho, ob d' no leabscht oder scho gschtorba bischt!" Wirklich, kurz darauf war er einsam gestorben.

Der durstige Geist

Das arme, einsam gewordene Weiblein hatte jetzt erst recht wenig Ruhe. Tagsüber quälte sie der Gedanke an die vielerlei Hexen und Hexeler des Dorfes und nachts der „Geist des toten Mannes". Das wußten die spaßlustigen Burschen der Nachbarschaft. Wenn sie abends vom Heimgarten nach Hause gingen, klopften sie manches Mal an die Fensterläden ihres Hauses und imitierten mit hohler Geisterstimme den verstorbenen Mann: „Adelwarthe – Adelwarthe – Messe lese lau – Messe lese lau–!" Unwillig wachte sie oft auf und konnte laut zum Bett hinausschimpfen: „Was witt iez scho meh? Laß mr doch amaul a Ruah; hättescht it soviel gsoffa in deim Leaba, nauche müeßtescht iez it so lang ins Feagfuir neihocke und deine Räusch abüaße!" Aber am nächsten Morgen ging es sofort hinaus auf den Gottesacker und mit einem großen, steinernen Krug zum Weihwasserbecken, ihn bis oben füllend, und dann wurde des Mannes Grab reichlich begossen der Länge und der Breite nach, und als ich sie zur Sparsamkeit mahnen wollte, meinte sie naiv: „Wisset, mei Ma hat an große Duscht, der haut allegs geare naß wölle!" – Und nun gings gleich stürmisch ins Pfarrhaus hinein mit dem dringenden Begehr: „Iez denket ui, heut z'nacht ischt dr Ma scho meah komme, und iez müesset dr glei Messe für'n lease, und it lang bsonne, schonscht kommt er au zu ui und nottlet und rottlet so lang an uir Bettstatt, bis drs leaset!"

Wohl ist der Geist des alten Adelwarth nie zu mir gekommen, aber die Erinnerung an sein Weiblein, die alte Adelwarthin, die ich in ihrem 85. Lebensjahr begrub, schwebt noch manches Mal vor meinem Geiste auf, wie sie auch als unvergeßliches Original bei allen Kammlachern in lebhaftestem Andenken steht.

Das Bilger'sche Ehepaar von Oberkammlach

In einem kleinen Austragsstüble wohnten sie friedlich beisammen, wenn auch ihre Lebenswege und Lebensweisen auseinandergingen. „Wisset, mir zwei sind it ganz gleich", meinte einmal der alte Bilger, „i tue gere esse und sui tuet gere saufe." Und da war es manchmal interessant, dem alten Manne mit seiner obligaten blauen Schürze in seiner Küche zuzusehen. Manche Kochrezepte von ihm für billige Küche, was ich ihm selber ablauschen durfte, dürften für unsere Hausfrauen nicht ohne Interesse sein: „Mausknöpfle geits heut." Da stand er an seinem Tisch und schnipfelte gerade mit seinem Sackmesser an einer fetten Maus herunter, der er eben den Balg heruntergezogen hatte. „Wisset, dös ischt bloß guet, dös wird jetzt in Spätzlesteig neiknetet, nauche gsotte und dös geit fei a anderscht guete Supp!" Ein weiteres Suppeneinlagen-Rezept: „Dohleknödel". Ein andermal hatte er zwei tote Dohlen auf seinem Küchentische liegen und war gerade daran, sie auf seinem Hackbrett zu „verwiegen". „Wisset, dös geit guete Knödl, wenn ma iez dös G'hacket in d'Teig neituet und siedt. Wenders it glei probiere?" — „Billige Leberknödel", Bilgers Rezept: Man gehe in des Nachbars Haus, wenn man dort gerade Leberknödel zubereitet, gebe obacht, daß man einem nicht zuschaut und lange dann rasch in die Herdpfanne hinein und hole einen Knödel nach dem anderen heraus. Wenn sie heiß sind, nehme man sein Sackmesser und spieße sie an und lasse sie dann geschwind im Hosensack verschwinden; wenn sie noch warm sind, kann man gleich herunterbeißen, wenn nicht, braucht man sie daheim bloß noch einmal aufwärmen. „Gell Weib, dös ischt kommod!" — „Sparsamer Kaffee-Verbrauch": Einmal kam ich gerade dazu, wie die alte Bilgerin mit ihren schmutzigen Fingern Salz in die Kaffeetasse ihres Mannes hineinschüttete. „Ja, Ihr müßt doch einen Zucker in den Kaffee hineintun und kein Salz", meinte ich. „Noi, noi", fiel die Alte gleich ein, „wenn i deam an Zuckr neidät, nau tät er viel z'viel fressa!" — Einmal roch es ganz vorzüglich im Hause Bilger. „Aber heut schmeckts gut bei Euch?" fragte ich. „Noi, noi", sagte der alte Bilger, „dea Gruch kommt it vo eis, dea kommt vo dene Breuße, die wo im vordera Stüble sind; wisset, die fresset an andere Zuig als mir; i möcht dös breußische Gfräß fei it!" — Aber ich hätte es in diesem Falle lieber mit den „Breußen" gehalten. — „Die Köschte": Der alte Bilger war wohl recht sparsam, aber seine Sparsamkeit war schon an der Landesgrenze des Geizes, des „Kählseins", wie „sui" oft meinte; er fürchtet immer und überall die „Köschte". Als ich seine schwerkranke Ehehälfte einmal versehen mußte und ihr die Sterbegebete vorsprach, fragte er immer dazwischen: „Was koscht dös?", ebenso des Nachbars Tochter, die das Versehzeug ihm geliehen hatte: „Du los, Pepi, was koscht dös?" in einem fort, bis ich ihn einmal allen Ernstes zur Ruhe mahnte: „Dös koscht alles miteinander nix." Da zog eine tiefe Seelenruhe ein in das Innere seines bekümmerten Gattenherzens. Erst dann gar, als sein Weib die letzten Schnaufer getan. „So, iez haut se's überstande", meinte er treuherzig, „und iez haut se eiser Herrgott ghollet, und mir isch au it urecht; wisset, die

Weibsbilder kommet au tuir, die Häser, die wo die allegs
wendt, was die au fresset und saufet, wisset, dös geit Köschte",
und dann packte er kurzerhand das tote Weib bei den Füßen
und zog sie das Bett herunter und am Stubenboden zur Türe
hinaus auf den Gang, wie ein totes Kalb, um sie dann dort
aufzubahren. „So iez hauts", meinte er dann ganz beruhigt,
„wisset i brauch neamats, tät glei meh Köschta gi!"

Dempf Wendl, der Großkaufmann

„Groß" nicht in seinem Geschäftsbetrieb, ich glaube, sein
ganzes Waren-Inventar hätte in einem Rucksack reichlich Platz
gehabt; aber groß in seiner Uneigennützigkeit, Ehrlichkeit und
Güte. Seine ledige Schwester Theres — zwar auf keiner Schön-
heitskonkurrenz prämiiert, aber eine ebenso herzensgute Per-
son — war seine Geschäftsteilhaberin, ein Original wie ihr
Bruder. Der Umsatz ihres „Geschäftes" war immer gering:
Wenn's hochging, täglich im Durchschnitt ein halbes Märklein.
Als ich einmal für den Versand von Feldpostpaketen einige
Dutzend Zigaretten und Zigarren und ein paar Pfund gedörrtes
Obst kaufen wollte, fiel er fast in Ohnmacht: „Ja um tausends
Gottswilla, so viel Sach, i hau's im ganze Lade it; aber hebet —,
in zwoi Stund kommet Ihr meh, nau krieget Ihr's!" Und nun
gings sofort mit dem Rucksäckle „Mindelhoi zue", um dort die
bestellten Sachen zu holen; und so gings unzähligemal diesen
Weg: Für den Großkaufmann Wendl wie für den geduldigen
Kunden, der meist zwei Stunden Wartezeit riskieren mußte,
gar wenn er mehr haben wollte als eine Zigarre um 5 Pfennig
und eine Zündholzschachtel um 2 Pfennig. Aber auch beim
kleinsten Einkauf wurde der Kunde freundlichst hinausbeglei-
tet durch den dunklen Gang der alten Hütte: „Gellet, gebet fei
obacht und fallet it Stepfele na und kommet meah!" — Allerdings in einem Punkt hat es im „Kaufhaus vom Wendl" etwas
gefehlt: in punkto Reinlichkeit. Da konnte z. B. eine Kundin
gerade einen Zucker brauchen und Wendl war im Stall und

Der Dempf Wendl

Theres mit Viehputzen beschäftigt. Tut nichts zur Sache, Theres kommt dienstbereit „im Stallhäs" herein und schabt und schustert vom Zuckerhut das halbe Pfündlein Zucker herunter, mit den gleichen Fingern, mit denen sie eben die Kuh geputzt. „Gellet, dös tuet nix, wenn au dau ebbes an Zucker na-komme isch, dös könnet'r ja dahoi meh wegputze!" Nicht viel anders ihr Bruder Wendl. Als ich ihn zum Empfange der Sterbesakramente für den nächsten Tag vorbereiten wollte und ihm riet, auch dem Leibe nach rein zu sein und sich wenigstens mal im Gesicht etwas abzuwaschen, meinte er treuherzig: „Dös brauchts it, d'Hase tueat ma au it awäscha." – Als ich ihm dann ernstlich klar machen mußte, daß er sich jetzt aufs Sterben allmählich gefaßt machen müsse, entgegnete er mir schlagfertig: „Dös pressiert no it; zu Ui an Stadel naflacka ka i no lang gnuah!" – Sein Familiengrab lag nämlich auf dem an meinen Pfarrstadel angrenzenden Friedhofteile. Trotz des Ernstes der Situation konnte ich mich eines verborgenen Lächelns nicht erwehren.

158

Dapp Joseph und Schlapp Marie —
die Spediteure

Wir hatten früher hier zwei „Speditionsfirmen", die nicht im modernen Sinne ihre Waren in großen, stattlichen Lastkraftwagen in die weite Welt hinausbeförderten, sondern es waren alte Leute, der hinkende „Dapp Joseph" und die watschelnde „Schlapp Marie", die allwöchentlich in ihren alten Kinderwägelchen, Kaliber aus der Biedermeierzeit, mit altmodischem Korbgeflecht und wackelnden, rasselnden Rädern die in Mindelheim besorgten Einkaufswaren nach Kammlach speditierten; da lagen rohe Fleischstücke und Leberkästrümmer friedlich neben Schuhwichsen und Fußsalben, eingewickelt in Hemden- und Schürzenstoffen mit Akten vom Bezirksamt und Schreiben vom Schulinspektor nebeneinander. Oft traf es sich, daß die beiden „Spediteure" hintereinander oder gar nebeneinander von der Stadt nach Hause fuhren; aber welch grimmige Blicke die Geschäftskonkurrenten miteinander wechselten — und das Tempo der Wägelchen wurde merklich beschleunigt. Jedes aber hatte seine bestimmte Stammkundschaft; Schlapp Marie die „Besseren", Dapp Joseph die „Minderen". Als ich seinerzeit als neuer Benefiziat nach Oberkammlach kam, ersuchte ich die Bötin „Schlapp Marie" um einige Besorgungen in der Stadt. Nicht wenig erstaunt war ich aber, als ich von ihr die abweisende Antwort bekam: „Wisset, i ka Uir Glump it mitnehma vo Mindelhoi, i ho blos die Bessere: de Geischtliche Rat, de Schullehr, de Forstassessor, de Bürgermoischter und die, wo besser zahlet; gant no zum oine, dear haut die Mindere: de Benefiziat, 's Schulfräule, d'Forschtgehilfe und die, wo it so vül Geld hant!" — Also wußte ich fortan, zu welcher Klasse ich gehörte. Vollends wurde ich dann noch in der Schule aufgeklärt, als ich dort die Kinder fragte, was man in Kammlach unter „Besseren" und „Minderen" verstehe und von einer Schülerin dann die Antwort erhielt: „Die Besseren haben einen Gaul." (Ist jetzt eigentlich auch schon wieder aus dem Kurs gekommen, weil die „Besseren" jetzt einen Bulldog haben!)

Der Fahnenträger

Oft hat er sie getragen: die Fahne und den Fahnen; denn in
Oberkammlach redet man von „der" Fahne und „dem" Fahnen — vielleicht auch anderswo —, ob man sie in die Kirche
hineinträgt oder aus der Wirtschaft hinaus. Der alte Sch. . . war
es, ein markantes Mannsbild, groß und stramm, geachtet und
geehrt, aber einen Fehler hatte er, unser Fahnenträger, daß er
seine Fahnen nicht bloß ins Gotteshaus hineingetragen, sondern auch aus dem Wirtshaus hinausgetragen hat. „Wisset, dös
Fahnetrage geit an Duscht", sagte er einmal zu mir nach einem
Kriegergottesdienst in heißer Sommerszeit, „dau mueß ma halt
scho fescht naß fuetra, und iez hauts halt no amaule a Fahne
geh", und wackelte behäbig seinem Hause zu. — Als er einmal
schwerkrank darniederlag, besuchte ich ihn und gab ihm geistlichen Trost. Unter dem Vorlesen meiner Krankengebete zog
er auf einmal eine Flasche Bier hinter seiner Bettlade hervor,
hob sie triumphierend in die Höhe und sagte: „Herr Pfarrer,
dös ischt's beste Einnehme" und nahm einen kräftigen Schluck,
sei es, daß ihm mein Krankengebet zu lang oder zu trocken
war; „wisset, beid Teil ischt guet", seelische Stärkung und
leibliche Stärkung.
Ein andermal, als ich wieder Krankenbesuch bei unserem alten
Fahnenträger machte — er hatte sich inzwischen wieder etwas
erholt — da las ich ihm ein Dankgebet des ungefähren Inhalts
vor, daß Vertrauen und Hoffnung, besonders aber „Die Liebe
zu Gott über alles" so wertvoll sei, da unterbrach er mich:
„Wisset, was no über alles wert ischt: mei Rente! Wisset, iez
leidt's halt me diamaul a Flasch Bier un a Trumm Leberkäs"
— und zur Bekräftigung seiner Worte zog er wirklich ein Stück
Leberkäs und eine Flasche Bier hinter seinem Bettkissen hervor, das ihm jetzt wieder nach der seelischen Stärkung auch
noch leibliche Labsal brachte.
Nun sind sie alle hinübergegangen in das andere Leben, diese
Originale aus Kammlachs Vergangenheit, meist gutmütige,
aufrichtige Menschen, wenn auch mit manchen Fehlern behaf-

Der Fahnenträger

tet, wie wir sie halt alle an uns tragen; ihre Grabsteine mögen
schon zerfallen sein und ihre Namen verblaßt — aber ihr
Andenken ist immer noch bei uns lebendig und frisch.

Der Fidele und der Balthes

Weit und breit waren sie bekannt im Schwabenlande, nicht
bloß als berufstüchtige Leute, sondern mehr noch als Originale
ihrer Art, von echtem schwäbischem Schrot und Korn, derb
und herb, aber ehrlich und gutmütig, nahezu 50 Jahre in ein-
und derselben Gemeinde — der „Fidele" und der „Balthes" von
Sulzberg, im Volk allgemein so genannt, nämlich der Pfarrer
Fidel Wiedemann und der Lehrer Balthasar Herb von Sulzberg
bei Kempten, wo sie nahezu ein halbes Jahrhundert nebeneinander wirkten und heute noch, im Friedhof nebeneinanderlie-
gend, im besten Andenken stehen. — Beide stammten aus dem
Allgäu: Pfarrer Fidele von Hopferbach und Lehrer Balthes von
Haldenwang, waren einfacher Bauersleute Kind und bewahr-
ten diesem ihrem Bauernstande bis in ihr hohes Alter hinein

161

unauslöschliche Sympathien, die sich auch praktisch dahin auswirkten, daß sie bis in ihre letzten Lebensjahre hinein ihren eigenen Viehstand hielten und ihre Landwirtschaft betrieben, und zwar unter persönlicher Mitarbeit. Gerade Pfarrer Fidele war es, der soviel auf seinen Viehstand gab, vielleicht mehr, als mit seinem arbeitsreichen geistlichen Amte vereinbar war. Wer ihn besuchte, mußte unbedingt zuerst sein Vieh im Stall besichtigen. Einen neueintretenden Kaplan fragte er alsbald, ob er auch etwas von der Ökonomie verstände. War das nicht der Fall, so meinte der Pfarrherr: „Mei Herrle, no muescht no viel lerne; dau schickt oim der Bischof sölle Prinze, und i ka's iaz no arichta!" Hatte er gerade keinen Kaplan, so war sein alter Schimmel sein treuer Helfer; er war ein braver, verlässiger Gaul, der wie sein Herr ein patriarchalisches Alter erreichte und in der ganzen Gegend bekannt war. Gerade, wenn Pfarrer Wiedemann außer seiner ausgedehnten Pfarrei noch eine Nachbarsgemeinde zu vikarieren hatte, so fuhr er gewöhnlich mit seinem Schimmel dorthin und sagte dann des öfteren zu den Leuten: „Wisset, dr Schimmel, dös ischt mei Kaplan!" In jüngeren Jahren ist er dabei mehr geritten als gefahren; denn in seiner Jugend war er Soldat bei den Schweren Reitern in München gewesen und erzählte oft und gern von dieser seiner Soldatenzeit. Dabei pflegte er manches Mal zu sagen: „Wisset, wear halt a Soldat gwea ischt, dös ischt halt a ganz anders Mannsbild; dött hot er wenigstens 's Laufa glernet und 's Folge!" – Interessant und vielsagend war auch sein Kirchenkalender, der stets mit einem Wetzstein beschwert war und auf seiner leeren Nebenseite allerlei Einträge in friedlicher Eintracht neben- und untereinander aufwies, z. B. „Jahresgottesdienst, Viehmarkt in Kempten, Hochzeit vom Guggemoos, Hennenfutter gekauft, Kalbl geführt, Schuleinschreibung, Kunstdünger gesät, Schulinspektor dagewesen, Ochsen gekauft . . ." Er allein konnte sich in diesem Kunterbunt zurechtfinden. Derb wie seine Bauern und Bauernarbeit war auch seine Ausdrucksweise, auch in seinen Predigten und Leichenreden, daß es oftmals neben traurigem Ernst auch lächelnde Heiterkeit gab. An einem Karfreitag war es, als er

Der Fidele und der Balthes

gerade von den sieben Worten Jesu vom Kreuze predigte, als es plötzlich von der Kanzel herunterdonnerte: „Kreuzwirt, macht d'Tür zu, was moischt, wie dös reizieht!" Der zu spät gekommene Wirt machte die Kirchentüre zu und der Heiland auf der Kanzel sprach das 6. Wort: „Es ist vollbracht." — Als Fidele noch Pfarrer bei Landsberg war, sollte er dort eine Getreidekollekte für Verhagelte vornehmen. Vor Beginn derselben wurde er nun plötzlich zu einem Kranken gerufen. Nun hielten die Leute die Sammlung selbst, aber nicht nach Recht und Gerechtigkeit. Der Pfarrer war empört darüber und geißelte dieses Vorgehen nun am nächsten Sonntag nach Schluß des Gottesdienstes mit folgenden Worten: „Ihr Oberfinninger seid scho rechte Lümmel, Lumpe seid'r, Spitzbuebe seid'r! Gelobt sei Jesus Christus!" — Und die ganze Gemeinde besiegelte diese öffentliche Bloßstellung mit den Worten: „In Ewigkeit, Amen!"

Ja, ein Original war er auch in der Kirche; er hatte in manchem seinen eigenen „Ritus" und seine eigene Liturgie. Wenn nun manches Mal so ein neuer, frisch gebacken aus dem Priesterseminar herausgekommener Kaplan sich über seine verschiedenen liturgischen Manieren entsetzte, gab ihm der Pfarrer kurz und bündig zur Antwort: „Kapläle, merk dir's: Nummero 1 bischt iez in Sulzberg, und Nummero 2 bin i der Pabscht in Sulzberg."

Originell auch sein Verhältnis zum Kirchenchore. Damals war in Sulzberg der bekannte Lehrer und Organist Balthasar Herb, der ebenfalls wie Pfarrer Wiedemann nahezu ein halbes Jahrhundert dort seinen Posten bekleidete und ebenso ein Original genannt werden konnte wie sein Pfarrer; es paßte also der Balthes so gut zum Fidele wie ein Ei zum andern. Bei einer Kirchenprobe sagte einmal der Pfarrer zum Lehrer: „Jetz los, Balthes, i tue am Altar, was i will; und ihr könnt da droben tun, was ihr wollt!" Und dieser Grundsatz wurde auch gründlich befolgt. Besonders an hohen Festtagen war es, da pflegte der Pfarrer, nachdem ihn der Balthes mit den priesterlichen Gewändern angezogen hatte (denn damals war der Lehrer auch gleichzeitig Mesner) zu ihm zu sagen: „So, Balthes, iez gang und laß raßla!" – Und tatsächlich ging nun auf dem Kirchenchor bei dem Festamte ein wahrhaftiges „Rasseln" aller Instrumente los: die Flöten und Klarinetten bliesen nach Leibeskräften, die Trompeten schmetterten, daß die Fenster klirrten, die Pauken dröhnten, daß ihr Fell unter den unbarmherzigen Schlägen zu platzen drohte; die armen Sänger mußten aus voller Kehle singen, um nur einigermaßen durchzudringen. Dazu gaben die Musiker noch mit ihren genagelten Bergstiefeln den Takt mit, und so wird es erklärlich, daß die unter der Chorempore versammelten „Andächtigen" oft angsterfüllt nach oben schauten, weil sie fürchteten, jeden Augenblick könnte die Orgelempore samt ihrer rasselnden Besatzung auf sie herunterfallen. Dazu kam noch Balthes mit dem vollen Werk der alten Orgel, die oft seufzte und stöhnte unter seinen massiven Händen; aber „das Rasseln lassen" war erfüllt und Fidele war zufrieden. Balthes jedoch mußte oft noch lange darnach schnaufen und schwitzen und meinte wohl berechtigt: „Aber heut müesset mir scho no zum Kreuzwirt gau, daß mr de Motor me öle und schmiere könnet!" – Eine besondere Sulzberger Spezialität war immer der „Weihwassermarsch", den Balthes im Anschluß an so einen Festgottesdienst während der Austeilung des Weihwassers mit vollen Registern spielte. Als ein eben neu eingetretener Kaplan, der später Fideles Nachfolger wurde, am Kirchweihfest dort das erste Hochamt gehalten hatte und von dieser Sache natürlich nichts ahnte, sich eben anschickt, den Schlußsegen zu erteilen, da setzt plötzlich dieser Marsch ein, und zwar nach der Melodie des bekannten Kanapeemarsches. Der gute junge Herr war natürlich vollständig platt und schaute hilfesuchend nach seinem Prinzipal, der im Chorstuhle stand und nur verschmitzt lächelte. Absichtlich hatte Fidele dem Neulinge nichts verraten und weidete sich nun an dessen Verlegenheit. Ja, er gab sogar noch den Takt mit seinem Brevier zu der horrenden Musik. Der Zelebrant hatte wenigstens noch soviel Geistesgegenwart, am Altare stehen zu bleiben, bis der Hexensabbat vorüber war, während Fidele diesmal und später noch oft im Marschtempo durch die Kirche marschierte und eigenhändig das Weihwasser austeilte. − So „harmonisch" wie in der Kirche war auch in der Schule das Zusammenwirken des Pfarrers und des Lehrers. Balthes war ein guter Lehrer und hatte eine gute Schule, aber manches Mal gab es halt eine kleine Verspätung, gar nach dem Mittagessen immer dann, wenn er nach einem nächtlichen Versehgang in eine entlegene Filiale noch müde sein Mittagsschläfchen machte (als Mesner mußte er natürlich immer seinen Pfarrer mit der Versehlaterne begleiten) oder wenn er gerade in der benachbarten Kreuzwirtschaft die trockenen Krautspatzen des Mittagsmahles mit einem Glas Bier schnell hinunterschwemmen wollte. Kam aber unerwartet eine Visitation, dann suchte Fidele den Gestrengen so lange aufzuhalten, bis Balthes verständigt war und stramm in Position stand in der Schule. Einmal aber war es gefehlt: Wiederum kam der hohe Herr Schulinspektor und Balthes war nicht da. Balthes war „auf dem Häusle" und war dort eingeschlafen, Fidele draußen auf dem Felde bei der Heuarbeit. Erschreckt hörte Balthes den vielstimmigen Gruß der Kinder aus der Schule: „Gelobt sei Jesus Christus! Grüß Gott, Herr Schulinspektor!" und stürzte wie hoffnungslos verloren, in das Schulzimmer herein. Schon donnerte ihm die tiefe Baßstimme des gestrengen Herrn entgegen:

„Wissen Sie nicht, Herr Lehrer, daß Sie als Lehrperson ununterbrochen im Schulraum anwesend sein müssen?" Balthes aber hatte sich vom ersten Schrecken bald erholt und antwortete schlagfertig: „Jawohl, zu Befehl, Herr Schulinspektor; aber wenn Sie etwas Menschliches plagt „und so weiter", werden Sie dann auch immer im Schulraum anwesend sein und warten, bis es zu spät ist?"

Bald darauf kam der Pfarrer Fidele — er hatte den Wagen des Schulinspektors gesehen und erkannt — barfuß in den Sandalen und noch die Heublumen auf dem schwarzen Rock. „So, Herr Inspektor, dir wollet iez unsre Kind ausexaminiere, und dös mitte im Heuet, wo man so viel Hoiza dus hot und einführe sott und Bierling mache sott; zu a dümmere Zeit hötet Ihr it komme könne; dös sieht ma scho, daß dir Stadtherre hint und voarne koi Hiere hant; und übrigens: Meine Schüler wisset scho lang, wieviel daß es Gott geit und wieviel Persone und wieviel Gebote und wieviel Sakramenter, send no froah, wenns de Uire au so wisset!" — Der Herr Schulinspektor hatte genug, die Schulinspektion war zu Ende. Als er seinen Wagen wieder besteigen wollte, kam es wie eine Reue über den Pfarrer Fidele und er rief ihm zu: „Hebet no, krieget no an Kaffee" und einige Schritte weitergehend, dem Pfarrgarten zu, kommandierte er seiner Haushälterin: „Los, Theres, do ischt so a hohes Mannsbild komme von der Stadt, gang gleich in Kuche nei und mach'm so a Judebrüeh!", wie er den Kaffee immer nannte. Doch der hohe Herr Schulinspektor hatte für heute keinen Appetit mehr, winkte höflich ab und fuhr wieder gegen Kempten zu. „Es ist halt der Fidele und der Balthes von Sulzberg", meinte er für sich hin, „die muß man halt kennen und verstehen, wie sie sind!" — Wenn er auch anfänglich noch etwas betroffen war von seinem Empfang in Sulzberg, so war er den beiden doch nicht feind und gram; denn er wußte — wie alle es wußten —, daß Fidele und Balthes zwar derbe und herbe Naturen waren, aber seelengute Menschen, die es ehrlich mit jedem meinten, wie auch ernstlich mit ihrer Lebensauffassung, mit einem süßen Kern in einer rauhen Schale, auf jeden Fall: Originale in ihrer Art.

Pfarrer Kneipp predigt

Der berühmte Pfarrherr von Wörishofen, Kneipp, weilte oft und gern in unserer Pfarrei Kammlach, wie mir sein Freund Pfarrer Mayer, mein seliger hiesiger Prinzipal, und auch sein treuer Reisebegleiter, Pfarrer Stückle, oft berichten konnten. Stammte doch das ganze Kneipp'sche Geschlecht väterlicherseits von Kammlach, wo damals wie heute noch nicht wenige Vettern und Basen des Pfarrers Kneipp gelebt und sich noch erhalten haben, wie die Familien Josef Kneipp, Mathias Kneipp, Mathias Albrecht, Josef Demmler, Mathias Zettler, Josef Weser und andere. So manche hatten ihn noch lange in guter Erinnerung, wie er des öfteren auf der Kanzel der Oberkammlacher Pfarrkirche stand, eine markige, stämmige Gestalt mit gutmütigem Gesichte, aber manchmal mit scharfen, dunklen Augen unter auffallend großen Augenbrauen auf seine Zuhörer schauend, um hier das Wort Gottes zu verkünden in kräftiger, kerniger und volkstümlicher Weise, weniger in salonmäßiger, hochgebildeter und „gschdudierter" Form. Eine Patroziniumspredigt, die er Ende der Achtziger Jahre am Feste Mariä Himmelfahrt in Oberkammlach hielt, blieb lange unvergessen. In seiner Einleitung sprach er von der an diesem Tage üblichen Kräuterweihe, die man aber heutzutage nicht mehr so nennen könne, weil es ja in unseren Gärten gar keine Kräuter mehr gäbe, dafür aber so mancherlei Blumen, Gewächse und Geplunder, die wohl schön fürs Auge, aber sonst hinten und vorne keinen Wert und keinen Nutzen hätten. Dafür empfahl er in seiner Betrachtung gerade die vergessenen und verstoßenen Kräutlein, in welche unser Herrgott soviel Heilkraft gelegt zur Gesundheit unseres Leibes und die auch ihre symbolische Bedeutung hätten für die Gesundheit unserer Seele. Und dabei brachte er besonders neun Kräuter in empfehlende Erinnerung, die man in unseren Hausgärten pflanzen und auch in übertragener Form in unseren Seelengärtlein pflegen sollte: 1. die Pfefferminze, die Pflanze zur Erfrischung des ganzen Organismus, besonders für den Kopf:

Symbol des himmlischen Sinnes. – 2. Salbei: gegen die gefürchteten Krankheiten des Halses. Symbol: für das Atemholen der Seele; das Gebet. 3. Schafgarbe: für die Lunge, war einmal sein Heilmittel für seine tuberkulose Lunge und seine Rettung; Symbol der Hoffnung. – 4. Rosmarin: fürs Herz das Beste. Mit Rosmarin kommen die Brautleute an den Traualtar; Symbol der Liebe im Herzen. – 5. Wermuth: Heilmittel für den Magen; scheidet die schlechten Stoffe aus; seine Bitternis heilt; Symbol der Buße und Beichte. 6. Melisse: für die Nerven beruhigend. Symbol: das Bewußtsein eines guten Gewissens. 7. Kamille: für alle Arten von Entzündungen und Fieberhitzen. Symbol: Geduld und Gottergebenheit. 8. Ringelblume: Salbe aus diesen Blumen lindert die Schmerzen an wehen und wunden Gliedmaßen und mildert die Entzündung; Symbol: das vertrauensvolle Gebet heilt manche Wunden. 9. Königskerze oder Wetterkerze: gehört mitten in den zu weihenden Kräuterbüschel, Heilmittel für Asthma und Atemnot. Symbol des aufwärtsschauenden Glaubens und Vertrauens auf den Himmel, seinen Herrgott und seine Heiligen.

Zum Schlusse seiner Predigt erzählte er seinen Zuhörern aus seinem eigenen Leben, wie er als todkranker junger Mensch in den Heilkräften der Natur, nicht zuletzt in ihren Heilkräutern, seine Gesundung gesucht und gefunden habe, vor allem aber auch in den Heilkräften unserer heiligen Religion: in unerschütterlichem Gottvertrauen und in nie vergehender Hoffnung auf die Hilfe des Himmels.

Reiseerlebnisse und Schulaufsätze

Im sonnigen Süden

„Bin durch die Alpen gezogen, . . . als fahrender Schüler und
wüster Gesell' . . . ", heißt's im alten Studentenlied und so bin
ich auch manches Mal gewandert, alles zu Fuß, immer dem
sonnigen Süden zu, ja schon als junger Student mit der Schuh-
bürste im Rucksack und einigen Märklein in der Tasche. Auch
später noch als schmächtiger Kaplan wie als behäbiger Pfarrherr, als hochanständiger Reisender wie als frommer Pilger
oder auch als minder eingeschläfter Wandersmann. Auf einer
meiner letzten Italienreisen war mir ein lieber, treuer Reisebegleiter mein hiesiger Bürgermeister Joseph Suiter, seinerzeit im
vorletzten Weltkrieg ein schneidiger Soldat eines bayerischen
Sturmtrupps, und einen solchen brauchte ich; denn ich hatte
diesmal vor, in ganz Italien herumzukommen und auch das
„romantische" Sizilien kennen zu lernen. Da wir dort mit
rauhen, unwegsamen Bergwanderungen zu rechnen hatten,
zog ich meine schwer benagelten Gebirgsschuhe an und rich-
tete meine abgetragensten Kleider hierfür her. Kurz vor der
Abreise kommt Suiter noch zu mir, mit neuem, elegantem
Anzug, Mantel und Hut. „Herr Pfarrer, bin ich jetzt nicht
nobel für unsere Italienreise?" meinte er stolz. — „Viel zu
nobel", mußte ich ihm gleich erwidern, „gehen Sie nur gleich
heim und ziehen Sie sich wieder um, das Älteste, das Schäbig-
ste, das Lumpigste, das Sie noch im Kasten haben ziehen Sie
jetzt an; wissen Sie: Wir fahren jetzt nach Italien, das kenne ich
durch und durch, und da kommen wir nicht bloß zum Heiligen Vater in Rom, sondern auch in die Elendswinkel dieser
Stadt, dann noch in die Hafenviertel von Neapel und Palermo
und zu den Banditen in Sizilien, und da müssen wir sicher
gehen!" — „Gut", kehrte um und befolgte meinen Rat. Als nun
der Tag der Abreise kam und Suiter mich abholte, mußten wir
beide herzlich lachen und unsere Angehörigen noch mehr, wie
wir uns so gegenseitig musterten in unseren alten, bolligen

Überziehern aus Großvaters Zeiten, den fassonlosen Schlapp-
hüten, dem plumpen Schuhwerk und erst den vollgepackten
Rucksäcken anstelle der Reisetaschen, „wie d'Handwerksbuscht", platzte mein Bürgermeister heraus, „hoffentlich sieht
uns niemand!" „Es wird ja bald Nacht", beruhigte ich ihn,
„und in der Nacht sind alle Kühe schwarz!" Durchs Allgäu
und Tirol mit seinen vielen Touristen gings ja noch, da fielen
wir nicht auf. Denn da liefen auch noch andere solche „Handwerksbuscht" herum. Aber in Verona fielen wir schon eher
auf; es hatte sich nämlich in den letzten 10 Jahren, gar seit
Mussolini sein Italia überall, in Stadt und Land, nicht schlecht
zu „kultivieren" wußte, viel zum Besseren hin verändert. Also
schon in Verona, wo uns nicht wenige, besonders die Polizisten und Karabiniere lange nachschauten, kamen „die Handwerksbuscht" etwas in Verlegenheit. – Aber erst in Florenz,
der vornehmen, eleganten und noblen Stadt, ging es an den
Stock, aber schon richtig. Bei unserer Ankunft dort regnete es
in Strömen; wir mußten also gleich schauen, unter Dach zu
kommen und da liefen wir auf das nächste Hotel am Bahnhofs-
platze zu; es war allerdings ein Prachthotel ersten Ranges.
Wehe uns armen Handwerksbuscht. Da fiel mir ein Allgäuer
Vetter ein, der mir einmal nach seiner Schweizer Reise wohlmeinend berichtet hatte: „Bue, wo schon vor dem Haus so
große Bosche standet und im Hausgang dinn lauter so glitzige
Spiegel send und a Haufa so Kerle umanandstandet mit so
goldene Knöpf an der Montur, do geits a teure Flackerei, do
muescht me weitergau!" – Aber wir konnten es nicht, es goß
in Strömen. Also traten wir ein, kamen aber nicht weit. Da lief
uns gleich so ein lackierter Hotelmensch in den Weg. „Was
wollen Sie hier?" „Ja ein Quartier für uns beide!" – Da lief das
ganze Hotelpersonal zusammen, als wäre das Haus von uns
bedroht, und musterte uns beide vom Kopf bis zum Fuß.
„Ich glaube, Sie sind hier fehl am Ort", meinte abwehrend der
Herr Portier. Als ich aber dringend bat, aufgenommen zu
werden und diesem Herrn gleich einen höheren Lire-Schein in
die Hand drückte, war die Bahn auf einmal frei und wir durften
wenigstens vorgehen bis zum Hotelbüro. Nun wurde der Chef

des Hauses gerufen, der aber über seine neuen Hotelgäste eher erschrak als sich freute. „Bitte, Ihre Legitimation!" da entglitt ihm auf einmal sein goldener Zwicker vor Verwunderung und Staunen. „Was, Sie sind Pfarrer, und der andere Herr, was, der ist Bürgermeister?" Germania propera, armes Deutschland!" Fast hätte er es gleich herausgesagt: Jetzt glaub ich gerne, daß Ihr Deutsche den Krieg verspielt habt.

Während nun lang und breit unsere Personalien aufgenommen wurden, musterten mein Reisebegleiter und ich uns gegenseitig in den umgebenden Spiegelwänden. „Wie ich mich schäme", flüsterte mir Suiter heimlich zu. „Und ich erst! — Wahrhaftig, wie d'Handwerksbuscht!"

Nach dieser vollkommenen Reue kam nun gleich der gute Vorsatz, als wir auf den Perserteppichen unseres eleganten Zimmers Kriegsrat hielten. In den glänzend weiß gedeckten Speisesaal hatten wir uns nicht getraut, waren schon vorher vornehme Hotelgäste vor uns fluchtartig ausgewichen. Uns war der Appetit vergangen, aber dafür hatten wir mit einem halben Dutzend Bierflaschen, die wir uns aufs Zimmer kommen ließen, unseren bayerischen Durst gelöscht. Den nächsten Morgen kam nun gleich die Ausführung unseres neuen Vorsatzes: Im nächsten Schuhgeschäft kauften wir uns elegante Halbschuhe mit Seidensöckchen, dazu im Modehaus nebenan neue, schneidige Florentiner Hüte, die alten schweren Opa-Überzieher ließen wir immer fleißig in den Schränken hängen, die bolligen Rucksäcke unter der Bettlade liegen, wenn wir sie nicht vorher schon als Gepäck am Bahnhof zurückgelassen hatten. Und wahrhaftig: Die Wirkung unserer Umkostümierung blieb nicht aus, schon in unserem Hotelquartier. Die Komplimente der Angestellten gingen jetzt viel tiefer und der Augenaufschlag viel höher. So reisten wir jetzt als Kavaliere bis nach Rom und Neapel, um aber von dort aus wieder als „Handwerksbuscht" aufzutauchen.

„Sieh' Neapel und stirb! Aber es pressiert nicht", haben wir uns gesagt, als wir schon viel von Neapel gesehen hatten, was nicht gerade des Sterbens wert war. Wohl hatte der altehrwürdige Dom mit dem Blut des hl. Januarius, das damals gerade flüssig war und als kostbare Reliquie uns Besuchern zum Kusse gereicht wurde, wie so manche historische Sehenswürdigkeit einen tiefen Eindruck hinterlassen; großartig das Neapel in seinen „oberen Stockwerken" mit den pompösen Villen und Parks, der einzigartigen Rundsicht auf seine paradiesische Umgebung und seine üppige Vegetation, das blaue Meer, die reizend vorgelagerten Inselchen, im Hintergrund der damals gerade feuerspeiende Vesuv. Weniger schön und nobel aber, jedoch nicht uninteressant, die Viertel der alten Stadt und des Hafens, wo wir uns nur mühsam fortbewegen konnten, weil unzählige Bettler, Händler und Hausierer in lumpigstem Aufzug, verdächtige Frauenzimmer und anderes lichtscheue Gesindel uns ständig umringten und belästigten, dazu eine unerträgliche Schwüle und Hitze, ein widerlicher Geruch und Gestank in allen Gassen, wo aller Unrat, wie verendete Fische, Ratten und dgl. auf der Straße lagen, dazu fielen wiederholt Speisereste von Fischköpfen und -flossen, Melonen- oder Früchteschalen aus den Fenstern auf uns herunter, es tropfelte die frischnasse Wäsche, die an Seilen von einem zum gegenüberliegenden Hause hängend über uns im Winde flatterte, auf die Straße herunter; als dann gar ein Brünnlein von einem am Fenstergesimse stehenden Büblein auf uns herunterspritzte, meinte mein Reisekollege: „Herr Pfarrer, jetzt reichts, ich hab genug!"

Diesmal ging es umgekehrt wie im eleganten Florenz. „Ich meine", schlug Suiter vor, „es ist höchste Zeit, daß wieder die Handwerksburschen aufmarschieren." Und sofort flüchteten wir ins Hotel zurück und wechselten unsere Kleider. Und wirklich „d'Handwerksbuscht" hatten jetzt ihre königlich-bayerische Ruh und wurden nirgendwo belästigt.

Und so reisten wir dann am nächsten Morgen in die Umgebung Neapels, am Fuße des rauchenden Vesuvs entlang, vorbei an der Ruinenstadt Pompeji, hinein in die romantischen, unheimlich wilden Täler der Abruzzen. Ich hatte nämlich vor, dort das Städtchen Pagani zu besuchen, das in seinem Dom den Sarg des hl. Alfons, meines Namenspatrons birgt. Ich läutete an der Pforte des nahen Klosters, das die Heiligtümer des

Domes zu betreuen hatte. Ein mürrischer Pförtner öffnete und reichte uns ein Stück Brot. „Bitte, ich möchte nicht betteln, sondern nur fragen, ob ich nicht die hl. Messe zelebrieren könnte!" „Was?" fuhr er mich an, „Sie sind ein Priester?" Und mich vom Kopf bis zum Fuße musternd, meinte er: „Wo gibt es denn solche Priester?" „Ja in Bayern!" Der gute Bruder, wahrscheinlich noch nicht weit herumgekommen, kannte scheinbar nur die Geistlichen seines Landes im langen schwarzen Talar mit den vielen Knöpfen von der großen Zehe bis zum Kinn und dem tief im Nacken liegenden Birett. Also wurde mir ein staubiger, schmutziger Altar gezeigt im dunkelsten Winkel der Kirche; zwei fast ausgebrannte Kerzen wurden angezündet und ein dürftig gekleideter Gassenbub sollte mein Altardiener sein. Da fragte ich, ob ich nicht am Altar des hl. Alfons zelebrieren könnte, nachdem doch dieser Heilige

mein Namenspatron wäre, und spendete dem Klostermesner einen höheren Lire-Schein. Jetzt auf einmal: plötzliche Aufheiterung, Nachlassen der Niederschläge, Luftdruck im Steigen. Wie ein Fürstbischof wurde ich jetzt behandelt; auf einmal waren jetzt drei Mesner um mich herum, die mich bedienten, und mindestens 12 Ministranten, die alle jetzt ein Meßbuch aus den Schränken holten und mich zum Altar begleiten wollten; nach einer gegenseitigen Boxerei und Rauferei wurden sechs Buben vom Sakristan bestimmt. Das schönste Meßgewand wurde aus dem Schranke geholt, und am Hochaltar des hl. Alfons wurden alle Kerzen angezündet und alle elektrischen Lampen leuchteten im Chore auf. So festlich und feierlich durfte ich jetzt zum Altare des hl. Alfons schreiten. Als ich nun das Stufengebet begann und meine Ministrantenschar wie ein summender Bienenschwarm im Schnellzugtempo eines Direttissimo das Confiteor heruntersausen ließ, konnte ich mich – wie auch mein Begleiter Suiter – kaum eines verborgenen Lächelns erwehren – trotz der hl. Nähe meines Namenspatrons. Wenn gerade Silentiumspause für die Ministranten war, beschauten alle sechs Buben meine Oberstdorfer Gebirgsschuhe, und zwar von allen Seiten; die großen Kappennägel ringsum hatten sie scheinbar noch nie gesehen, und so legten sie alle ihre schwarzhaarigen Köpfchen an die Altarstufen, um diese seltsamen Nägel an den Schuhen auch von unten zu sehen; und diese Kappennägel waren auch der Inhalt ihres Flüstergespräches während meiner hl. Messe. Bis zum Ite missa est hatte sich inzwischen die Zahl meiner Altardiener wieder auf 12 vermehrt, um mich dann in feierlichem Zuge wieder in die Sakristei zurückzugeleiten, wo dann jeder nach tiefstem Komplimente mir die Hand entgegenstreckte, um seinen Obulus in Empfang zu nehmen. Hiernach wurde ich noch mit meinem Reisebegleiter in das Refektorium des Klosters gerufen, dort von den Patres und Brüdern freundlichst begrüßt und bewirtet und beim Abschied noch reichlichst mit Orangen und Aprikosen beschenkt. Der graue Touristenanzug und die Oberstdorfer Bergschuhe mit den seltsamen Kappennägeln waren auch jetzt kein Hindernis mehr für den zivilen Pfarrer aus dem Bayernlande.

Ein herrlicher Maienmorgen! Wir saßen direkt zu Füßen des Vesuv, der diesmal ganz gefährlich Feuer und Rauch aus seinem feurigglühenden Schlund spie, in dem kleinen Orte Torre del Greco, der letzten Siedlung am gefährlichen Berge, und waren eben daran uns zu rasieren. Am Fenster sitzend, hatten wir gerade den Krater des Vesuv im Blickfeld; Feuerfunken, Aschenflocken und Lavasteinchen flogen immer mehr zu uns herein. Die Leute liefen immer unruhiger umher. Als aber unheimlicher Schwefeldunst zu uns hereindrückte, war es auch für uns nicht mehr so gemütlich, so daß wir nimmer lachten. Rasch wischten wir uns den Seifenschaum aus dem Gesicht, und halbrasiert suchten wir das Heil in der Flucht und fuhren sofort nach Neapel zurück. Nachmittags besuchten wir die seinerzeit vom Vesuv vollständig verschüttete Stadt Pompeji;

während ein allwissend scheinender Fremdenführer die jonischen und dorischen Baustile der ehemaligen Paläste schilderte, betrachtete ich lieber die vielerlei Eidechsen und Salamander, die auf diesen Marmorblöcken gemütlich in der Sonne lagen. Des Abends fuhren wir dann mit einem alten, großen Dampfer vom Hafen ab nach Sizilien. Der Blick auf das Lichtermeer der Stadt, den feuerroten Vesuv, das bläulich schimmernde Capri in dieser sternenhellen Mondnacht, das Aufblitzen der Leuchttürme im Meere waren uns unvergeßliche Eindrücke. Als wir beim Heraufdämmern des Morgens vom Deck des Schiffes die angenehme Kühle des noch nächtlichen Meeres genießen wollten, tauchten riesige Fische aus dem Meeresspiegel auf, schwammen nahe an unser Schiff heran; und wie sie ihre riesigen Mäuler mit der Weite eines Backofens gegen uns aufsperrten, war das eine Situation, nicht zum Lachen und wir zogen uns wieder in unsere Kajüten zurück.

Der helle, strahlende Vormittag brachte uns nunmehr in die paradiesisch schöne „Goldmuschel" von Palermo. Sein Wahrzeichen, der Monte Pelegrino, den schon Goethe als den schönsten Berg der Welt bezeichnete, hatte auch uns gleich angelockt. Sofort nach der Landung gingen wir auch gleich daran, diesen silbergrauen, zwischen grünen Matten und dem blauen Meer malerisch gelegenen Berg zu besteigen, zumal seine Höhlenwohnungen und Höhlengräber mit der Grotte der hl. Rosalia schon seit Jahrhunderten eine große Anziehungskraft auszuüben vermochten. Eben marschierten wir auf dem einsamen, holperigen Wege dorthin, versunken in den wunderbaren Blick auf die Stadt und das Meer, da standen auf einmal vier verwegene Kerle vor uns, mit rauchgeschwärzten Gesichtern, die schwarzen Haare hingen ihnen über die Augen ins wilde Gesicht hinein; da waren wir nicht wenig erschrokken. Es waren Kohlenbrenner, die auf einmal aus der Erde geschlüpft waren, wo sie in ihren Höhlen hausten. Sie merkten unseren heillosen Schrecken, gingen dann aber freundlich auf uns zu; „mir ui nix tun", sprach einer sofort uns an, er hatte uns gleich als Deutsche erkannt. Wie er uns nachher erzählte, hat er in seiner Kriegsgefangenschaft Deutsch und sogar auch

Schwäbisch gelernt; „mir nix hau und ihr nix hau. – Ihr nix saufe wölle?" und reichte uns wirklich Sizilianer Wein aus seinem Lederschlauch zum Trunke dar. Waren wir jetzt froh an unserer „Handwerksbuschten"-Tracht! Wer weiß, was sonst geschehen wäre! Aber ganz wohl zu Gemüte war es uns doch nicht, und nachdem wir Zigarren und Zigaretten gegen Orangen und Zitronen mit ihnen freundlich ausgetauscht, zogen wir uns in die Stadt zurück. In einem Ristorante dort wollten wir uns wieder stärken, wir hatten wirklich Hunger und Durst bekommen. Als aber die schwarzhaarige Wirtin ihre halbrohen Kalbskotelette in einer öligen Soße brachte, in der schwarze Käferlein und Fliegen umeinanderschwammen, und dazu ein abgestandenes Birra in einem trüben Weinglas, wäre uns beinahe aller Appetit vergangen. Allein die Wirtin war noch lange nicht verlegen und beförderte die Tierlein in der Soße mit ihrem Schurzzipfel wieder aus dem Teller und wünschte uns lachend einen guten Appetit. Nachmittags besuchten wir eine Hauptsehenswürdigkeit der Stadt, die nicht umsonst in den Reiseführern mit drei Sternen ausgezeichnet ist, was man auch sonst in der Welt kaum irgendwo findet: Die Kapuzinergruft von Palermo. Das sind Kellergewölbe mit kunstvollen, ungezählten Stukkaturen, mit lauter Knochen, Gebeinen und Beinchen von Toten, die hier zu Tausenden an Wände und Decken hinzementiert sind. Das schaurigste aber sind die über tausend Leichen, die an Stricken um den Hals aufgehängt sind, Mönche in ihren Kutten, Klosterfrauen im Habit, Weltpriester im Chorrock und Birett auf dem hohlen Totenschädel, Männer und Frauen in vornehmen Kleidern wie im Bettlergewand, Leichen mit Haaren und Bärten, denen man seinerzeit gleich nach dem Sterben die Eingeweide ausgenommen, die man dann an der Luft getrocknet und jetzt einfach als Schaustücke hier aufgehängt hat, was aber seit 1881 behördlich verboten wurde. Nicht wenige Besucher haben schon am Eingang der Gruft wieder kehrtgemacht, auf jeden Fall war es ein Ort, „wo man nimmer lacht".

Den folgenden Tag widmeten wir dem wohl schönsten Punkt Siziliens, dem malerisch gelegenen Bergstädtchen Taormina, inmitten reichster Blumenfülle und duftender Haine von Orangen, Zitronen, Pfirsichen, Feigen, Oliven und Reben, umspült vom grünen Jonischen Meer. Aber ein teures Pflaster, „nix gut für uns Handwerksbuscht", ein Grandhotel neben dem anderen, man hört fast nur Englisch. Wir setzen uns recht kleinlaut auf einen Ruinenhügel des antiken Griechischen Theaters und halten Finanzrevue; allein, die Bilanz mahnt uns, allmählich an die Heimreise zu denken; es waren ja schon fast vier Wochen unserer Italienfahrt vergangen. — Sofort kehrten wir nach Messina zurück, das nach dem furchtbaren Erdbeben von 1908 immer noch eine halbe Ruinenstadt war, aber durch seine herrliche Lage am Meer und nicht zuletzt mit seinen neuen marmornen Palästen und Prachtbauten einen imposanten Eindruck machte. Unsere zusammengeschrumpfte Reisekasse erlaubte uns diesmal kein Palasthotel Excelsior, sondern nur ein einfaches Albergo-Gasthaus aufzusuchen. Wohl führte es den schönen Namen Del Angelo, aber der hl. Schutzengel mochte uns wohl hier vor bösen Geistern und Menschen bewahrt haben, aber nicht vor bösen Tierlein. Bereits um 10 Uhr — wir hatten uns schon früh abends zu Bett gelegt — weckte mich mein lieber Reisekollege Suiter: „Herr Pfarrer, i stands nimmer aus, über mi sind fünferlei Tier gangen." — „Unmöglich", meinte ich. „Jawohl, i hau's gseah und zählt: Flöh, Läus, Wanze, Schnacke und Roßfliege!" — Zuerst mußte ich unwillkürlich lächeln, aber es dauerte nicht lange, dann hieß es auch für mich: „Wo man nimmer lacht!" — Die fünferlei Tier spürte auch ich jetzt am eigenen Leibe. Wohl versuchte uns der verlegene Wirt mit Moskitonetzen und Mückenschleiern zu Hilfe zu kommen, aber die meisten Tierlein waren schon unter dem Netz und machten Miene, in unsere Wäsche und Kleider einzudringen. Noch mitten in der Nacht verließen wir fluchtartig unsere Baracke und eilten schnurstraks dem Bahnhof zu, um mit dem nächsten Schnellzugsdirettissimo allen den Schönheiten Siziliens Lebewohl zu sagen; jetzt hatten wir genug von Sizilien und bald auch von Italien!

Eine unangenehme Überraschung

Wenn jetzt Peter und Paul kommt, feiert Rom sein Patroziniumsfest. Da kann jener römische Lump und Spitzbube, der mir bei meiner letzten Pilgerreise mein Reisegeld und mein Opernguckerle aus der Tasche herausgestohlen hat, durch die Gläser Ausschau halten, ob nicht wieder so gutmütige Pilger aus Deutschland kommen, denen er das Geld wieder aus der Tasche stibitzen kann.

Es war in der Peterskirche, eben war der Heilige Vater, majestätisch auf seinem Tragsessel thronend, nach allen Seiten seinen Segen spendend, an uns vorübergezogen, wir ehrfurchtsvoll gestimmten Pilger beugten uns tief zur Erde und machten in heiligster Andacht und in tiefster Ergriffenheit das hl. Kreuzzeichen; um aber dann gleich wieder in die rauhe Wirklichkeit zurückkehren zu müssen. Ich legte die Hand wieder blitzartig an die hintere Hosentasche, die das ganze Reisevermögen sorgsam barg. Krampfhaft hatte ich vorher schon meine Hände an diese Hosentasche gepreßt, nachdem alle Taschen und Täschchen hermetisch abgeschlossen waren; denn ich kenne meine Pappenheimer von meinen vielerlei Italienreisen her, wie auch die flinkhändigen, feinfingerigen Italiener, nicht zuletzt auch jene, die sich auf Taschenspielerkunststücke in fremden Taschen vorzüglich verstehen. Zudem war damals eine fürchterliche Enge, aufeinandergepreßt zwischen vielen Tausenden standen wir dicht nebeneinander; darum hatte ich noch vorher in unserem Quartier den Mitpilgern unserer Reisegesellschaft eindringlichst ans Herz gelegt: „Äußerste Vorsicht - Augen auf und Taschen zu!" und die heilsamsten Belehrungen und Ermahnungen ans Herz gelegt. Was Wunder, wenn nachher nicht wenige lächelten: „Uns hat man gepredigt, und ihm hat man sein ganzes Geld gestohlen, ja, sein ganzes."

Vorher hatte ich meinen Mitreisenden den Rat gegeben, nie das ganze Geld bei sich zu tragen, sondern das Beispiel vom alten Jakob zu befolgen, der auf seinem Wanderzuge immer nur die

Hälfte seiner Habe mit sich nahm, um nie sein ganzes Vermögen zu verlieren. Ausgerechnet hatte ich diesmal mein ganzes Reisekapital bei mir getragen, weil ich nach dem Geldwechsel auf der Bank nicht mehr dazukam, in mein klösterliches Quartier zurückzukehren und die Hälfte dort zu hinterlassen. Also hatte man mir blitzartig in dem einen Moment meines andächtigen Kreuzmachens mein ganzes Reisegeld gestohlen und noch dazu mein kleines Fernglas aus der Rocktasche.

Schlagfertig drehe ich mich um und sehe einen jungen Italiener hinter mir stehen, blitzartig greife ich ihm in alle Taschen, um nach meinem gestohlenen Gut zu forschen, aber leider Gottes keine Spur von einer Brieftasche oder Geldbörse oder einem Fernglas - entweder hatte er es flink in einer inneren Tasche verstaut oder er war der Dieb überhaupt nicht. Natürlich war er über meine Eingriffe in das Hoheitsgelände seiner Taschen empört und schimpfte und fluchte und bedrohte mich, ebenso schimpfte seine holde Begleiterin und seine schwarzhaarige Umgebung.

Was war zu machen? - Nichts, rein nichts, schon angesichts der drohenden Mienen, die mich umgaben . . .

Nahe bei mir stand ein Herr unserer Reisegesellschaft, ein Herr aus Memmingen. Teilnahmsvoll hörte er mein Klagen: „Jetzt habe ich kein Geld mehr, kann nichts mehr mitmachen, nichts mehr bezahlen, kann nichts Besseres tun als ins Quartier zu gehen und ins Bett zu liegen und zu warten, bis der Riezler mit seinem Omnibus wieder nach Hause fährt."

Da fing dann auch mein Reisegenosse plötzlich an, ängstlich bange zu werden und langte zu seiner hinteren Hosentasche und schon wetterte er: „Dia Saulumpa, dia Huarabande, dia Schlawiner dia dreckige, jetzt haben die mir auch das ganze Geld gestohlen, Brieftasche, den Geldbeutel, sogar auch meine Legitimationen und Autopapiere haben sie mir geklaut."

Gut war es nur, daß er das Beispiel des alten Jakob befolgt hatte und die Hälfte seiner Reisekasse zu Hause im Quartier zurückgelassen hatte. — Inzwischen klangen die silbernen Posaunen von St. Peter und festliche Harmonien des Sixtinischen Chores und die Jubelrufe der begeisterten Menge, aber

wir Bestohlenen wollten nichts mehr hören und sehen — wir
hatten für heute genug.

Der liebe Gott hat jedoch alles wieder zum Guten gewendet:
Unser Mißgeschick hatte sich bald in unserer Reisegesellschaft
herumgesprochen, eine freiwillige Sammlung unter den Mitpilgern ergab ein so erfreuliches Ergebnis, daß ich nachher mehr
Geld in der Tasche hatte als vorher und ein gemütlicher
Dämmerschoppen bei echtem Frascati (Wein) schwemmte
allen Ärger und Verdruß die Kehle hinunter — und es lachte
wieder die Sonne über dem italienischen Himmel.

Schulausflug ins schöne Allgäu

Originelle Stilblüten aus Schulaufsätzen

Jetzt, in der Saison der Schulausflüge, durfte auch die Mittel-
klasse unserer Dorfschule mit ihren Lehrkräften eine kleine
Reise ins Allgäu machen, wovon die Kinder in ihrer naiven,
unvoreingenommenen Art ungefähr Folgendes in ihren Schul-
aufsätzen schrieben:

„Am Donnerstag sind wir mit dem Riezler seinem Omnibus
ins schöne Allgäu gefahren. Aber diesmal ist das Allgäu nicht
so schön gewesen, weil es den ganzen Tag geregnet und gesauet
hat. - Es war ein wüster Tag, aber es war doch schön. - Die
Fahrt ging über den Kohlberg und Erkheim nach Ottobeuren,
dann nach Kempten. Da gingen wir zuerst in die Kapuzinerkir-
che hinein, wo der Herr Kammerer am Fidelisaltar eine heilige
Messe gehalten hat. - Der Xander und der Viktorin haben
eingeschläft und durften ministrieren; aber ein Kappeziner hat
aufgezunden. - Dann haben wir die schöne Lorenzkirche
angeschaut; sie hat viele Nebenaltäre und da ist gerade eine
goldene Hochzeit gewesen. - Dann wanderten wir zu den drei
Illerbrücken und schauten zur Iller hinab; da ist es weit
hinunter; aber es ist ein breiter Strom. Wo wir auf der Brücke
gestanden sind, hat der Herr Kammerer gesagt: wenn man da

hinunterjucken täte, wäre man maushin. - Über eine andere
Brücke sauste gerade ein Zug hinüber.

Dann sind wir weitergefahren über Oy, Nesselwang, durch die
13 Pfronten nach Füssen. Beim Tiroler Hof haben wir haltgemacht und eine warme Nudelsuppe gegessen; man hat dort
auch andere Sachen gegessen. Wir durften auch über die
Grenze spazieren, weil der Herr Kammerer einen Paß hatte
und bei den Zollaufsehern gebettelt hat. - Wir gingen so weit in
das Österreichische hinein, bis wir das Weiße Haus sahen. Das
ist ein Zollamt. Wir haben auch den schäumenden, tosenden
Lechfall angeschaut; da sind wir batschnaß geworden. Da sind
auch viele Stände dort gewesen; wo wir Schokolade kauften.
Die Buben haben einige ein rechtes Glump gekauft. Der
Schofför schimpfte, weil sie alleweil aus- und eingesprungen
sind.

Dann sind wir noch zum St. Mangtritt hinaufgegangen; aber da
ist es gefährlich, wenn man da einen Schritt daneben gemacht
hätte, da wäre man drunten geflackt. - Auch haben wir das alte
Schloß Hohenschwangau gesehen, aber da sind wir nicht
hineingegangen.

Nun wanderten wir zum Schloß Neuschwanstein hinauf. Das
ist ein schönes Schloß, das König Ludwig II. erbaut hat.
Schade, daß er im Starnberger See ersoffen ist. Man weiß nicht,
ob er selber in das Wasser hineingegangen ist oder ob ihn
jemand hineingeschupft hat. - Das Schloß Neuschwanstein hat
uns am besten gefallen. Der Eintritt kostete für uns 50 Pfennig.
Drei Kinder durften so hinein. Wir besichtigten die schönen
Zimmer des Königs, den Sängersaal, den Thronsaal, die Haus-
kapelle, den Wintergarten. Die Wände sind mit kunstvollen
Gemälden geschmückt. Die schönen Sagen ließ der König auf
die Wände hinaufmalen. - In seinem Schlafzimmer sah ich eine
seidene blaue Himmelbettstatt und ein schönes Waschgeschirr,
das war ein Schwan. - In einem Zimmer habe ich nackete
Göttinnen gesehen; die haben nichts angehabt. - Am besten hat
uns der Thronsaal gefallen, da habe ich den schönen Kron-
leuchter mit 96 Kerzen gesehen und alle die heiligen Könige an
der Wand. Aber ein Thron ist nicht drin gewesen; der ist nicht

mehr fertig geworden, weil der König Ludwig nicht mehr am Leben war; er hat nur ein halbes Jahr gelebt. - Vom Thronsaal führt eine Türe hinaus auf einen schönen Balkon, wo man eine herrliche Aussicht hat auf viele Berge ringsum und Seen; der Säuling trug noch Schnee. Schade, daß es ein so Sauwetter war, da hatte man keine so schöne Aussicht! Zum Schlusse kaufte ich mir noch zwei Zeichelchen zum Anmachen. - Wie wir vom Schloß heruntergegangen sind, sind wir aber schnell heruntergesprungen, weil es so fest geregnet hat. Aber der Herr Kammerer hatte ein Regendach, damit er nicht naß wurde. Wir waren jetzt alle froh, daß wir wieder in den Omnibus hineinsitzen konnten.

Heimgefahren sind wir über Marktoberdorf und Kaufbeuren. Hier haben wir haltgemacht. Wir schauten die hl. Kreszentia in ihrem Glassarge an. Eine Klosterfrau zeigte uns das Sieb, wo die Heilige Wasser holen mußte und kein Tropfen Wasser hindurchgelaufen ist; man zeigte uns auch den Birnbaum, wo sie das Jesuskind in den Zweigen gesehen hat. Wir haben auch einen Nagel und eine Nadel gesehen, wo Kinder verschluckt haben; aber es hat ihnen nichts getan, weil die hl. Kreszentia geholfen hat, daß sie wieder herausgekommen sind. Ich werde jetzt auch öfter zur heiligen Kreszentia beten.

Auf dem Heimweg ist es mehreren keinz geworden; aber es hat bloß eine gespiehen. Um 8 Uhr abends waren wir wieder zu Hause. Am Abend habe ich daheim alles verzählen müssen. Und in der Nacht habe ich noch von der schönen Reise geträumt!"

Zwischen Krieg und Frieden

1. Januar 1945, Neujahrsmorgen, kalt und neblig! − „Der Herr ist mein Helfer, und ich brauche meine Feinde nicht mehr zu fürchten" (Psalm 117). − Was einer meiner Vorgänger, der Pfarrer Leonhard Hoffmann, über den ganzen 30jährigen Krieg mit allen seinen Leiden in das Pfarrbuch schrieb, soll das Thema meiner heutigen Neujahrspredigt sein! − Nach dem Gottesdienst kommen die Gemeinde- und Kirchenverwaltungsmitglieder zur herkömmlichen Gratulationscour in den Pfarrhof. Einer bleibt zurück, als wolle er noch etwas „anbringen".

„Wisset, Herr Pfarrer, dös isch scho recht: ‚Der Herr ist mein Helfer', aber dös sell stimmt fei it: ‚Ich brauche meine Feinde nicht mehr zu fürchten'; wisset dir au, daß die Feind bei eis scho bei alle Löcher reilueget; wisset dir au, daß es nimma lang dauert, nau höret dir d' Franzose oder d' Ami de Kohlberg vürrepfeife; wisset dir au, daß es iez bald haut und nau ischt di ganz Komöde verreckt mit samt dem Hitler?" − „Bst, bst", unterbrach ich sofort, „das darf man nicht so laut sagen." − „Ja so, wauhr isch", und er spähte durch die Türlucke in den Gang hinaus − „deutscher Blick" − und beruhigte mich, „es hats niemand ghört. Die Braune sind scho furt und die zwi Schwarze saget nix!"

7. Januar: Abends halb 8 Uhr hört man wieder ein tiefes, unheimliches Brummen, daß die Fenster zittern. Feindliche Bombenflugzeuge (wahrscheinlich englische der Royal Air Force) überfliegen in ziemlicher Höhe unser stilles Dorf, unaufhörlich bis nachts halb 12 Uhr − es müssen Hunderte, vielleicht Tausende sein − und erfüllen die Nacht mit ihrem unheimlichen Surren und die Bewohner mit Furcht. Zuletzt wird der Lärm so groß, daß alles aufwacht und aufsteht; viele stehen auf der Straße und starren stumm und lautlos gegen den Himmel, viele gehen zum östlichen Ortsausgang gegen Auerbach zu, wo man die Feuerkugeln, Lichtsignale − blaue, rote und grüne − beobachten kann; schaurig schön die als Markierung ausgesteckten „Christbäume", dann die große Feuerröte; alles weist auf Richtung München zu. Und nun hört man schon die ersten Einschläge der Bomben; gewaltige Detonatio-

nen folgen; auflodernde Feuersäulen sieht man. Arme München-
chener! Wir erschaudern.

Unterdessen, am gleichen Abend, sitzen in gemütlicher Gesellschaft im Wirtschaftssaale 50 bis 60 evakuierte Frauen, meist
aus Essen, bei Wurst, Bier und Kaffee beisammen, das ihnen
die hiesige NS-Frauenschaft spendiert hat. Sind vor Weihnachten von der NSV hierher zugewiesen worden. Frauen der
verschiedensten Qualitäten, junge und alte, gefährliche und
gefahrlose. Natürlich gibts täglich Schwierigkeiten mit unserer
einheimischen Bevölkerung, welche wenig Berührung mit diesen in Charakter, Lebensanschauung und Lebensweise grund-
verschiedenen Leuten will. „Dia preußische Bombenweiber
passet zu eis it", hört man allethalben.

19.-21. Januar: Viel Schnee, unaufhörliche Stürme und Schnee-
fälle verwehen Häuser und Wege. Alles muß Hand anlegen,
um die Schneeberge wegzuräumen. Die Bombenweiber
schauen beim Fenster hinaus, um die winterliche Natur zu
bewundern. „Dir lagga Menscher wäret au it z'guet, daß dr a
Schaufel in d'Hand nehmet, als bloß de Grind beim Fenschtr
nausstrecka." − „Ach nee, wir sind Gäste des Führers." −

14. Februar: Die immer größer werdende Knappheit der
Lebensmittel macht sich sogar im Hostienmangel bemerkbar.
Heute teilt uns das Englische Institut Mindelheim mit, daß es
keine Hostien mehr liefern könne − wegen Weizenmangel −,
auch Kloster Wald nicht mehr. Kloster Ursberg hilft aber mit
100 Meß- und 2000 Speise-Hostien aus.

16. Februar: Es ist Freitag mittag 12.15 bis 13.15 Uhr:
Ungezählt viele feindliche Fliegerstaffeln, glänzend silberweiß
lackiert, überfliegen in 200 m Höhe unser Dorf; von überall
her hören wir die heulenden Alarmsirenen. Alles flieht von der
Straße weg in die Häuser, niemand wagt sich mehr aufs Feld
hinaus. Die draußen sind auf den Wiesen beim Mistbreiten
oder Mistrühren, legen sich auf den Boden hin. Sogar die Tiere
fühlen die Gefahr und werden ängstlich: Der Gockel gibt das
Alarmsignal für die Hennen, die in den Stadel hineinsausen, die
Enten fliehen schimpfend unter das Gebüsch des Hofes; die

Katzen unter das Kanapee der Stube, der Spitz ängstlich unter den Rock der Haus-Vroni. Den nächsten Tag hören wir, die Flieger hätten im nahen Wipfel, in Daxberg und Markt Rettenbach Bomben geworfen.

25. Februar: Sonntag mittag 12.15 Uhr. Eben gehe ich die Staatsstraße gegen den Kohlberg zu, um meine Christenlehre für den Nachmittag zu studieren, als ich von Memmingen her schon wieder lauten Fliegeralarm höre. Und schon sind sie da: Hunderte von Silbervögeln, lauter Amerikaner, fliegen über mich weg; zuerst kümmerte ich mich wenig um sie, als aber manche wie die Habichte herunterschossen und es auf allen Seiten um mich krachte, da flüchtete ich mich sofort ins nahe Wäldchen, das in schaurigem Echo von den Schüssen widerhallte. Kurz darauf kommt ein des Weges fahrendes Auto zu mir an den Waldessaum; käseweiß entsteigen ihm die Fahrer, noch am ganzen Leibe zitternd. Soviel ich nachher erfuhr, hatte damals Erkheim und Ungerhausen Bordwaffenbeschuß und München Großangriff.

27. Februar: Nachmittags 13.30 Uhr wurde die hiesige Schlosserstochter Lisi Degenhart, als sie mit einem Lastauto mitfahren konnte, kurz vor Wörishofen von Tieffliegern überrascht und durch die vielen Bordwaffenschüsse auf das Auto in größte Lebensgefahr gebracht, sprang aus dem Wagen, brach einen Arm, legte sich in den Straßengraben, kam aber sonst mit dem Schrecken davon.

3. März: Samstagmorgen: große Unruhe im Dorf! Schon in aller Frühe kam ein versprengter Troß einer zurückgeschlagenen Infanterie-Einheit aus dem Elsaß hier an, um zu rasten. Als wir aber auch heute wieder großen Fliegeralarm haben, ziehen sie bei Einbruch der Nacht weiter. Gottlob, eine Gefahr weniger! Und diese Mannschaften aus buntem Völkergemisch: Nicht wenige Russen, wahrscheinlich Überbleibsel von der Wlassow-Armee, dabei mongolische, tartarische, kaukasische Söldlinge, schlecht uniformiert, auch unsere Soldaten, erbärmlich gekleidet mit schlechtem Schuhwerk und noch schlechterem Humor. Dazu die verlotterten Gespanne, die halbverhungerten Pferde, 60-70 an der Zahl, machten einen armseligen

Eindruck. Manche von uns Zuschauern haben verborgene Tränen des Mitleids in den Augen, manche meinten auch angesichts dieses erbärmlichen Eindrucks: „Jetzt geht's bald dem Ende zu!" Während wieder andere von uns, die Unbelehrbaren, Fanatischen, immer noch an den Endsieg glauben.

10. März: Es ist Samstag gegen Nachmittag 2 Uhr. Eben wollte ich zur Pfarrkirche hinübergehen, zur hl. Osterbeichte der Männer und Frauen der Gemeinde Unterkammlach, da kommt ein Unterkammlacher Weiblein auf mich zu, um und um mit Schmutz und Straßendreck beschmiert. „Was meinet dir, Herr Pfarrer, wies mir ganga ischt. Iez bin i grad a ganza halba Stund im Straßegraba drinngflacket und no oine von Unterkammle; aber wisset, di ischt me hoimganga. Mir send ganz ordele vo Unterkammle raufganga und hand iez wölla Osterbeichte, nau send so huera Silbervögel komma, dir wisset scho: so Flieger, ganze Häufe, und send grad über eis numgfloga; bue, mir hant eis gfürcht und nau hammer laut beatet, aber scho guet; und iez tue i fei ganz geare beichte, wenn i au reacht dreckat bi! Bue, dau kommet oim fei scho andere Gedanke!" — Auch eine Vorbereitung zur hl. Osterbeichte!

30. März: Es ist morgens 7 Uhr. Wiederum große, lärmende Aufregung im ganzen Dorfe, trotz der feierlichen Stille des hl. Karfreitags. In der vorausgegangenen Gründonnerstagsnacht, gegen 11 Uhr sind hier große Truppenabteilungen durchgezogen. Davon wird eine „Nebelwerfer-Abteilung" mit viel Lastautos, Munitionskisten etc. hier einquartiert — „als abgekämpfte Truppe zur Erholung" — und in Schulsälen, Stadeln und Privathäusern untergebracht; sie soll auf 3-4 Wochen hier bleiben. Auch im Pfarrstadel stand ein großes Transportauto mit Lebensmittelkisten; was wir zu Gesicht bekamen, war meist altbackenes, verschimmeltes Barrasbrot. Diese Truppen waren in den schweren Kämpfen im Saar- und Eifelgebiet eingesetzt und sind jetzt froh, hier gastliche Aufnahme gefunden zu haben; es sind meist Sachsen, Thüringer, auch Wiener, alle, soweit ich sie kenne, freundlich und dankbar. Soviel ich später erfahren konnte, waren sie allerdings auch

eine für die hiesige Gegend bestimmte, getarnte Kampf- und nicht bloß „Erholungstruppe"!

1. April: Liebesgaben für die verwundeten Soldaten in den Mindelheimer Lazaretten werden für Ostern von den Kammlacherinnen überreicht, meist von den Angehörigen der NS-Frauenschaft und dem Bund Deutscher Mädels gesammelt.

4. April: Heldengottesdienst für den am 27. Januar bei den schweren Kämpfen in der Eifel gefallenen Kraftfahrer Josef Staimer von hier. Mit ergreifenden Worten legt der Veteranenvereinsvorstand Alois Neß dem Nachbarsbuben einen Kranz aufs Heldengrab; vor Rührung spricht er heute schwer, hat selber sechs Söhne draußen im Krieg, davon einer gefallen, einer vermißt. Wehmütig klingt das Lied vom Guten Kameraden durch den Frühlingsmorgen; wir schämen uns unserer Tränen nicht.

8. April: Schöner Frühlingstag, aber kalt und windig! Ich ziehe mit 37 Erstkommunikanten, davon 17 aus Augsburg und 3 aus Duisburg, von der Schule zur Kirche, vorbei an den vielen frischen Birkenkreuzen am Heldengrab; es ist, als ob mir ihre leuchtenden Namen zuriefen: „So zogen wir auch einmal mit Dir zur Kirche, vergiß uns heute nicht!" Ihre Kommunionkerzen, fahl und bleich geworden wie ihre Leiber in den fernen Gräbern, brennen und flackern traurig und einsam zwischen ihren Kreuzen. Der Einzug in die Kirche fällt mir heute schwer. — Ausgerechnet an diesem schönen Weißen Sonntag begegnen wir Volkssturmmännern von Ober- und Unterkammlach, die in werktäglichem Arbeitsgewande gerade vom Kohlberg herkommen, wo sie auftragsgemäß Baumstämme fällen mußten; diese wurden mit lauten Schlägen in die Erde gerammt oder zum quer über die Straßen legen bereitgestellt; das Forstpersonal führte dabei die Aufsicht.

9. April: Wieder überflogen eine große Zahl (man schätzte 2000) amerikanischer Flieger unser Dorf.

„Höret Ihr's", ruft eine nachbarliche Stimme zu mir herüber, „die Sauhund send scho wieder do, glei tausendweis, die huere Silbervögel!"

Es ist nachmittags 4-5 Uhr. Unsere kleinen Fliegeralarm-

Sirenen, von Hand getrieben, höre ich heute das erste Mal: wie jämmerliches Katzengeschrei! Die Detonationen der Bombenabwürfe sind gut hörbar, Richtung München!

11. April: Heldengottesdienst für den in Ostpreußen gefallenen Gefr. Ludwig Schmid in Unterkammlach. Eindrucksvoller Trauerakt am Heldengrabe mit herzlichem Nachruf des Veteranenvereinsvorstandes Anselm Kienle.

15. April: Sonntag vorm. 8 Uhr Fliegerbesuch; es kracht an allen Ecken und Enden. Die Leute kommen vereinzelt und scheu zur Kirche, zuletzt wird sie noch 3/4 voll. Am Schlusse des Gottesdienstes mahne ich meine Pfarrkinder zur äußersten Vorsicht beim Verlassen des Gotteshauses; manche bleiben und warten, die anderen schleichen an den Wänden der Häuser entlang nach Hause; die Filialisten bleiben in den Häusern von Oberkammlach. Nachmittags 12.30 bis 14 Uhr: erneuter Fliegerangriff nicht weit von uns; überall Fliegeralarm. Bordwaffenbeschuß. Kein Mensch auf der Straße. Der Nachmittagsgottesdienst muß ausfallen. Mit den wenigen zur Kirche Gekommenen beten wir das Hl.-Fünf-Wundengebet und Schutzengelgebet. So brav und andächtig habe ich die jetzt zahm gewordenen „Huischel" meiner Christenlehrburschen noch nie beten gesehen.

22. April: „Nur eine kleine Weile": Der Weltkrieg nähert sich mit Riesenschritten unserem Dorf. Schon am Samstag, den 21., abends war hier ein ungewohntes, lebhaftes Hin und Her. Zu den bereits seit 4 Wochen einquartierten Soldaten kamen noch ca. 90 Mann hier an, frisch zum Militär ausgehobene, aber meist ziemlich bejahrte, graue und ernste Gestalten, die zum Teil bei dem schweren Fliegerangriff am Freitag auf Memmingen in einem Militärzug getroffen wurden. Sie wurden hier in Massenquartieren in der Schule und in der oberen Wirtschaft untergebracht.
Ganz unruhig war es heute Sonntag morgens. Schon unter der Frühmesse, gerade während der Stille der hl. Handlung, beim achten Stundenschlag, krachte es nur so aus der Höhe herab von eingeflogenen amerikanischen Tieffliegern, daß die Kir-

chenfenster erzitterten – und die Leute. Nach einer kurzen Pause ging es wieder los, gerade als die Gläubigen zum Hauptgottesdienst kommen wollten. Viele flüchten von der Straße in die anliegenden Häuser, und trotz aller akuten Gefahr sind es doch wieder sehr viele, die sich in der Kirche versammelt haben. Nach diesen vielerlei Aufregungen kann ich die Predigt beginnen: „Modicum – nur eine kleine Weile!" ein Mahnwort für die Zeitlichen, ein Kraftwort für die Leidenden, ein Trostwort für die Scheidenden! – Die nachmittägige Christenlehre wird auf abends 7 Uhr verlegt und ist sehr gut besucht worden.

Alarmierende Gerüchte beunruhigen heute das ganze Dorf: Am Kohlberg würden militärische Anlagen errichtet. Mindelheim soll nicht zur Lazarettstadt, sondern zur Festung erklärt werden. In Schwabmünchen sei die Pfarrkirche kurz nach dem vormittägigen Gottesdienst zusammengeschossen worden; viele Opfer an Toten seien zu beklagen.

Eine unheimliche Nacht folgt. – Um 10 Uhr abends vernimmt man auf einmal das laute gleichförmige Marschieren großer Truppenmassen und ihre seltsamen Lieder. Es sind Tausende und Abertausende von Russen, auch in russischer Uniform, die aber auf deutscher Seite kämpften, wohl Weißrussen der Wlassowverbände, die vom Kohlberg her kamen und die ganze lange Nacht durch unser Dorf marschierten. Dazwischen hört man wieder das Kommandorufen, Autohupen und Panzerkettengerassel unserer Kolonnen. So manche aber von diesen Weißrussen „hauten ab", d. h. lösten sich von ihren Truppenteilen ab, suchten hier Quartiere in den Häusern, Stadeln, Heuhütten und in den nahen Waldungen und machten für längere Zeit unsere Gegend hier sehr unsicher.

In den ersten Morgenstunden kommen sie rudelweise zu unseren Leuten, auch in den Pfarrhof, und betteln um Brot und warmen Kaffee, da sie hungern und frieren; sie sind aber für alles recht dankbar.

23. April: Als man am Morgen durch die Straßen geht, erschrickt man fast: Oberkammlach ist ein ganzes Heerlager geworden. Große Aufregung und Angst herrscht im ganzen Dorfe, überall heißt es: „Jetzt kommt der Krieg zu uns ins

Dorf herein." Alles in nervöser Hast. Wie ein Alarm laufen die Gerüchte: „Die Amerikaner kommen und schon bald; sie sind schon vor Memmingen!" — Viele im Orte gehen jetzt daran, ihre Wertsachen, Kleider, Wäsche, Lebensmittel zu verstecken; ein Nachbar vergräbt eben Bücher und Schriften, Bilder und Abzeichen, Dokumente und weiß Gott was alles aus dem Dritten Reich in die schweigsame Erde seines Gartens. „Dau flacket se wohl dinn, niemand weiß nix und de Würa saget nix und Dir doch au nix!"

„Ich hab ja selber Arbeit genug, kann Euch eine lange Obacht überhaupt nicht geben." — Und wirklich, den ganzen Tag über hatte ich genug zu tun, die Habseligkeiten des Pfarrhauses in den Gewölben und Räumen des Pfarrstadels, und die wertvollen Pfarrbücher und Akten wie die Kostbarkeiten der Kirche im Gewölbe des Turmes in Sicherheit zu bringen, zumal der Donner der Geschütze immer näher und lauter hörbar wurde, und Kirche und Pfarrhaus wegen ihrer exponierten Lage sehr gefährdet erschienen. Zwischen diesen Bergungsarbeiten wurde ich des öfteren ersucht, hier stationierten oder Durchzugs-Soldaten die Beichte zu hören und die Kommunion zu spenden.

Abends 6 Uhr. Eine neue Nachrichtenabteilung kommt angefahren; ein großer Wagen mit Fernsprechgeräten fährt bis in den Friedhof herein und geht gleich daran, Antennendrähte bis zu den Jalousien des Turmes hochzuziehen; immer mehr Militär läuft und fährt herum. Mag sein, daß dies den feindlichen Fliegern nicht unbemerkt blieb; und jetzt wieder auf einmal ein starkes Summen und Brummen der Flugzeuge und Schießen und Krachen der Bordwaffen. Und immer wieder neue Gerüchte alarmieren das Dorf: „Die Amerikaner kommen und d'Franzosen sind auch nicht mehr weit weg!" — „Still, still!" warnt ein anderer, „'s Maul halten! Wer solche Gerüchte verbreitet, wird aufgehängt. Grad hats einer von dene Offiziere gsagt, die wo bei dene Nebelwerfer sind und jetzt grad beim Untern Wirt drunt hocket." — Wirklich war am selben Nachmittag in Pfaffenhausen drunten der Gendarm Satzger wegen Verbreitung solchen Gerüchtes zum Tode verurteilt, durch ein Schnellgericht einer norddeutschen SS, die grad dort war, und wirklich auch sofort öffentlich an einem Galgen aufgehängt worden, der am Ortsausgang von Hausen gegen Pfaffenhausen zu errichtet worden war und dort mit der Leiche mehrere Tage stehen bleiben mußte. Wie mir nachher sein mitverurteilter Amtskollege selbst erzählte, konnte dieser noch im letzten Moment vor seiner Hinrichtung durch die dunkle Nacht entfliehen und nach abenteuerlicher Flucht hier in Oberkammlach schützenden Unterschlupf finden.

24. April: Ein heiterer Frühlingstag! Aber scheu müssen wir uns in die Häuser flüchten. Den ganzen Tag über ein unheimliches Brummen und Dröhnen, dann wieder furchtbares Krachen, unaufhörlich heulen die Sirenen. Niemand fast kommt zur hl. Messe in die Kirche, kein Kind zur Schule, niemand getraut sich aufs Feld hinaus. Unsere Filialisten in Rufen und Wiederegg sehen Tiefflieger direkt über ihre Häuser hinwegrasen. Am südwestlichen Horizonte, Richtung Sontheim zu, sieht man große, schwarze Rauchwolken aufsteigen von Feuerbränden in der Umgebung. Den Höhepunkt erreicht aber dieser Fliegerschrecken um 6 Uhr abends; von allen Seiten sausen sie jetzt heran; zu den amerikanischen waren jetzt noch ganze Schwärme französischer Tiefflieger gekommen, sie haben die zahlreichen Lastwagen des hiesigen Nebelwerferkommandos entdeckt und gehen jetzt auf sie los, unheimlich rasen sie direkt über unsere Hausdächer weg und schießen wie Habichte auf ihre Opfer herunter. Eben hatte die Kirchenuhr 6 Uhr abends geschlagen: Ein schreckliches Krachen wie bei einer Explosion; Kinder hör ich schreien, Leute jammern, Autos rasend hupen. Eben ist ein Militärlastwagen von Mindelheim herausgefahren und hat, von 4 französischen Fliegern verfolgt, unter den Bäumen des Würstle'schen Anwesens am östlichen Dorfeingang Schutz gesucht, ist aber sofort in Brand geschossen worden. Eine Explosion, eine Feuersäule und schon hat das Feuer auf das Haus übergegriffen; dieses in wenigen Minuten in hellen Brand gesetzt und bis auf die Grundmauern eingeäschert. Die auf dem Militärauto mitgefahren waren, können sich zum Teil noch durch Abspringen

194

rechtzeitig retten, zum Teil werden sie als verkohlte Leichen mit Müh und Not aus dem brennenden Wagen herausgezogen, wie ein Unteroffizier Julius Goldberg aus Bremen, ein Stabsgefreiter Karlheinz Wittrof aus Essen und eine unbekannte, blonde Wehrmachtshelferin, die eben aus dem Lazarett in Mindelheim entlassen worden war und am Mindelberg um Mitfahrt gebeten hatte. Andere wurden mit schweren Verwundungen in nahe Häuser gebracht, so ein Unteroffizier aus Regensburg, eine Wehrmachtshelferin aus Argentinien, die ich im Keller der Postagentur mit den hl. Sterbesakramenten versah; dann der Chauffeur des unglücklichen Wagens, ein Polizeizugwachtmeister Strutzenberger aus Wien, der mit schweren Bein- und Armbrüchen im Peter'schen Hausgange lag, sowie ein im Blut und Schmutz des Straßengrabens liegender Soldat, dem ich noch in seinem Sterben beizustehen versuchte. Um dieselbe Stunde werde ich an die Kammelbrücke gerufen, wo beim Specht'schen Anwesen zwei Kinder durch den Bordwaffenbeschuß der Flieger jählings getötet wurden; sie hatten, auf der Straße von Düsenflugzeugen überrascht, in ihrer hilflosen Angst unter einem Militärlastwagen Schutz gesucht und dabei erst recht den Tod gefunden: die 10jährige Gendarmeriekommissärstochter Gertrud Lacher, die von unzähligen Schußlöchern durchbohrt sofort tot war, und die 8jährige Dora Specht, die nach wenigen Minuten ebenfalls an ihren Schuß- und Stoßverletzungen starb; beide Mädchen erhielten noch die letzte Ölung, ein schwerer Liebesdienst für mich, manchmal stockte mir die Stimme und der Atem. – Gleichzeitig hatten auch feindliche Tiefflieger die im Hofe der Mang'schen Käsefabrik in Unterkammlach stehenden Last- und Personenautos angegriffen und vollständig zerstört; dabei schossen sie bis in das benachbarte Ziesel'sche Anwesen hinein, verletzten aber niemanden, nur manche Hennen wurden angeschossen, die übrigen flüchteten nach allen Seiten auseinander.

Dem aufregenden Abend folgt eine unruhige Nacht; immer wieder hört man Brummen und Krachen und die Einschläge von schweren Geschützen. Im Dorfe selber ist alles still. Wir sind müde, finden aber doch keinen rechten Schlaf und zählen mit bangen Gefühlen die Stunden der Nacht. — Was wird morgen alles sein?

25. April: In der Frühe atmete man zuerst erleichtert auf; endlich, nachdem die Aufregung in der Bevölkerung immer größer geworden war, ziehen es die Führer des hiesigen Nebelwerferkommandos doch vor, mit Mannschaft und Wagen abzuhauen, nachdem sie hier nahezu vier Wochen in geruhsamen Quartieren gelegen waren; und damit war auch die Tieffliegergefahr um ein Bedeutendes verringert worden. Doch nun kam plötzlich eine andere Alarmbotschaft, die alle Gemüter in höchste Aufregung versetzte: Von Mindelheim her sei der Befehl gekommen: „Bis abends 8 Uhr müssen die Panzersperren an der Bruck geschlossen sein; die Amerikaner sind im Anzug!" — Zu allem Überflusse kommen jetzt noch außer einzelnen zerstreuten Wehrmachtsteilen noch 80-100 Soldaten hierher ins Quartier, sogenannte „Verwundete", die aus einem bedrohten Lazarett hatten fliehen müssen; andere halten sie zum Teil für getarnte SS, tags darauf sehe ich viele davon mit einem Maschinengewehr auf dem Rücken, in Abteilung formiert, hinter dem Dorf heraufschleichen — schon so rasch genesen?

Mittlerweile war mir der Auftrag von einer militärischen Kommandostelle zugegangen, die gestern hier durch Fliegerangriff ums Leben gekommenen Militärpersonen müßten unverzüglich in aller Stille beerdigt werden. Sofort machte sich der Mesner Mayr und sein Gehilfe Schmid daran, in der nordwestlichen Friedhofsecke für die drei verkohlten Leichen, die in einer großen, primitiven Holzkiste aufgestellt waren, ein gemeinschaftliches Grab zu schaufeln. Mittags 1 Uhr wurden dann die Leichen von mir eingesegnet und in aller Stille in das große Grab gesenkt. Zeugen dieses seltsamen tragischen Aktes waren nur die beiden Totengräber, die beiden Ministranten Alois Schaupp und Walter Wiedemann und die heiße Mittagssonne, die auf uns herniederschien. — Den ganzen Nachmittag brachte ich damit zu, weitere wichtige und kostbare Gegenstände der Kirche, wie die hl. Gefäße, Meßgewänder, Kunstwerke im Turmverließ zu bergen. Zwischendurch kommen wieder Soldaten, fremde Zivils, Wehrmachtshelferinnen, Ausländer und wollen beichten und kommunizieren; manche übergaben mir Briefe und Karten für ihre Angehörigen. Unterdessen kreisen und brummen und sausen unaufhörlich Flieger über uns; Menschen und Tiere verkriechen sich.

So war denn auch die Beerdigung der beiden verunglückten Mädchen auf den Einbruch der Dunkelheit festgesetzt worden. Wiederum kommt der Befehl von Mindelheim: Jetzt müssen die Panzersperren an den Brücken geschlossen werden! Unbeschreibliche Aufregung! – Besonders wir in den Häusern in Kammelnähe sind jetzt alle im Alarmzustand und auf alles gefaßt. – Eben dämmert es gegen den Abend, rotgolden sinkt die Sonne dem Westen zu. Es ist ½9 Uhr abends, da bewegt sich ein Trauerzug schwarzgekleideter Leute zu den Häusern der schwergeprüften Eltern, um die dort aufgebahrten Mädchen Gertrud und Dora zum Friedhof zu geleiten; wir ziehen über die Brücke, an den Panzersperren vorbei, betend für die armen Kinder – und für uns. Inzwischen ist es schon ziemlich dunkel geworden; wir sind auf dem Friedhof angelangt; immer noch kreisen und krachen über uns die feindlichen Flieger; wir suchen Deckung hinter den Grabsteinen und Bäumen des Gottesackers; vom westlichen Horizonte her hören wir die Donnerschläge der Ferngeschütze und schauen bange auf die aufblitzenden Lichter hinter den Wäldern. Und nun in ernstester Stimmung, an dem dunklen Doppelgrabe stehend, begann ich meine Leichenrede: „Herr, bleib bei uns! – denn es will Abend werden, und der Tag hat sich schon geneigt." – Ja, es war wirklich Abend geworden: draußen in der Natur und drinnen in unserem Herzen; und es war auch ein Gedanke und eine Bitte, die uns alle auf dem Friedhof an diesem Abend bewegte: Herr bleib bei uns! – In schweigsamer Trauer gingen wir alle weg von diesem schwarzen Kindergrabe mit seinen weißen Särglein, in banger Sorge, was uns Überlebenden die Nacht wohl alles bringen werde. – Als ich dem Pfarrhause zuschritt, kamen manche meiner Nachbarn vom Bache auf mich zu und drückten mir bewegt die Hände, wie zum Abschiede: „Behüt Sie Gott, Herr Pfarrer!" Manchen erstickte die Stimme in ihren Tränen.

Es folgte eine sternenbedeckte, mondhelle Nacht, aber unerwartet ruhig und still. Immer lauschten und horchten wir und spähten gegen die Straße und Brücke zu, aber immer unheimliche Stille. Die Panzersperren an den Brücken waren wohl vorbereitet, aber nicht geschlossen worden, weil immer noch Kraftwagen unserer Truppen die Straße passierten. Da plötzlich gegen halb 3 Uhr morgens hören wir zu unserem Schrecken Panzer heranrollen, aber es waren etliche von den Deutschen. Gottlob! — Wieder Ruhe!

26. April: „Ein denkwürdiger Tag." Ruhiger, trüber Morgen; es regnet, fast bis Mittag. Wieder krachts an allen Ecken und Enden, die Flieger sind wieder da und die Amerikaner nicht mehr fern, sie sollen schon auf Erkheim zu heranrollen. Eben höre ich, daß die Unterkammlacher riesige Baumstämme anfahren, um an der Straße gegen Oberrieden zu und an der gegen Oberkammlach massive Panzersperren zu errichten; gleichzeitig werden die Panzersperren in unserem Dorf und die „Befestigungen" am Kohlberg von „höheren Stellen" besichtigt. Nach den ruhig verlaufenen ersten Nachmittagsstunden ist es jetzt auf einmal lebendiger geworden. Es ist gegen 5 Uhr: Ich stehe in meinem Garten unten, da sehe ich auf einmal den stillen Fußweg herauf eine ganze Gruppe einer SS-Formation in gebückter Haltung, alle hintereinander, heraufschleichen, jeder ein Maschinengewehr auf dem Rücken. Gleichzeitig höre ich ein Rufen und Schreien aus der Nachbarschaft: „Die Amerikaner kommen, die Amerikaner!" Aber nicht die Staatsstraße vom Kohlberg her, sondern den Feldweg vom Walde aus St. Johann auf Unterkammlach zu. Ein anderer schreit: „Jetzt geht's los, die Panzersperren werden geschlossen!" — Doch meine Nachbarn folgen nicht dem Befehl, spannen ihre Ochsen ein, führen die Baumstämme, die quer über der Straße liegen, wieder weg und machen die Durchfahrt frei, so hat man es schon vorher heimlich ausgemacht, die Unterkammlacher tun das gleiche. — Es ist gegen halb 6 Uhr abends, da schießt's und kracht's auf allen Seiten, wie noch nie! Die Situation wird

immer gefährlicher: SS ist noch im Dorf, die Amerikaner stehen vor Unterkammlach. Ich beginne bereits, den Pfarrhof auszuräumen, als ich unten an meinem Garten den Kommandeur Schg. aus B. W., den ich von früher her kannte, vorbeigehen sah. „Ihr werdet doch nicht mehr schießen", meinte ich, „es hat ja doch keinen Wert mehr und dann wäre ganz Kammlach kaputt. Die Amerikaner sind bereits schon im Unterkammlacher Holz; ich rat Euch, haut ab und nehmt Deckung in den Böschungen gegen den Ziegelstadel zu, in Richtung auf die nahen Waldungen gegen Hellberg zu!" „Gut", antwortete er verständnisbereit, „es wird so das beste sein", und befolgte meinen Rat.

Es ist 6.15 Uhr abends. Da hört man ein unheimliches Schießen und Krachen in nächster Umgebung, Maschinengewehre rattern, Granaten fallen ein, ich sehe eine große Rauch- und Feuersäule gegen Unterkammlach zu. Ich spähe durch die Jalousien meines Pfarrstadels und getraue kaum meinen Augen: wahrhaftig, sie kommen! In langen, endlosen Reihen, dicht hintereinander fahren sie, die Amerikaner, Panzer an Panzer, und wirklich da, wo sie niemand vermutet hätte, kommen sie: Die mindere, abgelegene Straße von St. Johann her gegen Unterkammlach zu; vorher hatten sie noch mit ihrer Artillerie schwere Schüsse abgefeuert; über zehn schwere Granaten waren auf die Gemeindeflur gefallen, haben aber verhältnismäßig wenig Schaden angerichtet. Nur das Boxler'sche Anwesen wurde betroffen und war in wenigen Minuten ein Raub der Flammen. – Abends halb 7 Uhr: Große Spannung und Aufregung. Die weiße Fahne zeigt sich auf dem Kirchturm von Unterkammlach und kurz darauf auch an der Kuppel der Pfarrkirche. Kurz nach halb 8 Uhr abends fahren die ersten amerikanischen Panzer in Oberkammlach ein, ohne irgendwie mehr auf Widerstand zu stoßen. Allmählich getrauen sich unsere Leute wieder aus den Häusern, und die ausgestorbenen Straßen werden wieder lebendig. Bald sind an allen Häusern weiße Fahnen sichtbar, Bettücher, Kopftücher, Taschentücher, notdürftig an Stangen geheftet, verkünden die „Kapitulation von Oberkammlach".

Ich ziehe es vor, von der Ferne aus, in meinem Garten stehend, den denkwürdigen Augenblick des fremden Einzugs mitzuerleben. Und das sollte so gut sein und ein Menschenleben retten. — Im nächsten Augenblick rast ein Jeep heran, ein hochgewachsener, strammer Captain, scheinbar der Kommandeur, steigt aus, brüllt zuerst einige Kommandorufe und sieht mich stehen. „Father?" frägt er mich vertrauenserweckend, kommt auf mich zu und reicht mir über den Zaun seine Hand. Erster Kontakt! — Wieder ein Augenblick, und ein zweiter Jeep saust heran mit zwei schwerbewaffneten Soldaten und — unserem Gendarmeriekommissär L. in der Mitte; kaum ausgestiegen wird er an der Wirtschaft, neben meinem Garten, an die Wand gestellt, er muß die Arme hochhalten, der Kommandeur gibt ein Zeichen, ein Soldat tritt vor L., entsichert seinen Karabiner und will eben — ich fürchte das Äußerste, springe sofort über den Zaun und rufe laut: „Halt, stopp, attention! der Mann ist innocent, unschuldig!" und stelle mich vor ihn hin. Der Kommandeur geht auf mich zu: „Können Sie das beschwören?" – „Jawohl!" – Und nun verhört er L. und mich und läßt ihn streng bewachen. Wie ich ihm dann begreiflich machte, daß das Hoheitsabzeichen auf seiner Uniform und das Himmler-Bild in seinem Amtszimmer ein Muß für die Gendarmeriebeamten war und L. nie ein fanatischer Hitler war, läßt man ihn am nächsten Morgen frei. — Inzwischen sind die Amerikaner von allen Seiten her in unser Dorf eingerückt; Panzer auf Panzer, Wagen auf Wagen, rollen unaufhörlich durch die Straßen unseres Ortes. Ein Teil der Panzer ist bei der Josefskapelle in Stellung gegangen, um die sich gegen Erisried zurückziehenden deutschen Wehrmachtsteile unter Feuer zu nehmen; ein Teil rast mitten durch die Getreidefelder, ihnen nachspürend; ein anderer Teil hat am östlichen Ortsrand Kampfstellung gegen Mindelheim bezogen, da die weiße Fahne auf der Mindelburg so lange auf sich warten läßt. Unterdessen ist unsere Nachbarschaft auf einmal ein ganzes amerikanisches Heerlager geworden; alle Winkel und Wege vollgepfropft von Militärlastwagen aller Art, Panzergeschütz- und Flakgeschützwagen mit langen Rohren; und bald wimmelt es auch nur so von den amerikanischen Mannschaften in ihren olivgrünen Uniformen und Stahlhelmen. Die nachbarliche Villa Gleich muß sofort ganz geräumt werden und wird das Standquartier der Kommandantur und ihrer Offiziere; alle Nachbarhäuser werden vollbesetzt. Endlich kommt eine Gruppe von 12 Mann mit dem Roten Kreuz am Helm, wahrscheinlich Sanitätsabteilung, unten beim Pfarrhof hereingestürmt, mit vorgehaltenen Gewehren eilen sie in alle Zimmer und Räume und belegen sofort das ganze Haus; sie sind alle müde und richten sich ihre Lager zurecht. — Halb 12 Uhr nachts schlägts vom Turm, und auch wir vom Pfarrhaus ziehen uns zu unserer Schlafstätte zurück, hinaus in den Kuhstall unseres Pfarrstadels, wo wir auf Strohlager wohl etwas hart und kalt unsere Liegestätten haben, aber immerhin gemütlich und friedlich zwischen unseren Haustieren, Hund und Katzen, Hühnern und Enten, etwas ausruhen können, todmüde nach all den wechselvollen Erlebnissen der letzten Tage. Es ist heute totenstille Nacht, nur unterbrochen von den schweren Schritten der unheimlichen Posten, die draußen auf und ab patrouillieren. Am Turm schlägt es 12 Uhr — tiefe, dunkle Nacht.

27. April: „Unter amerikanischer Besetzung." Früh 4 Uhr weckte uns der Hahn, der an unserer Seite Stallwache hielt, und bei Tagesanbruch erhoben wir unsere vom Strohlager steifgewordenen Glieder und gingen leise aus unserem Stall ins Pfarrhaus hinüber, wo alles noch in festem Schlaf lag; vor früh 7 Uhr hätten wir eigentlich nach dem amerikanischen Ausgehverbot unser Quartier nicht verlassen dürfen, zumal an unserem Hause vorbei schwerbewaffnete Posten äußerst wachsame und strenge Patrouille hielten. War doch auch das Standquartier der Kommandantur in unserer nächsten Nähe; ich schielte nur flüchtig hinüber und sah auch, wie mehrere junge Burschen, wahrscheinlich Gefangene, halbgefesselt dort zwischen den Panzerwägen auf dürftigem Stroh an der Mauer der Gleich- 'schen Villa kauerten, wo sie die ganze kalte Nacht verbringen mußten. — Es ist 7 Uhr: Eben will ich gerade zur Kirche hinübergehen, als kurz darauf ein mörderisches Schießen losgeht; es kracht, daß die Häuser zittern. Einzelne deutsche

Flieger waren nämlich in unser Gebiet eingeflogen und umkreisten unsere Ortschaft; sie sind jetzt unsere „feindlichen" Flieger geworden. Da eröffnen die Amerikaner ein wildes Flakfeuer aus ihren schweren Geschützen, die an unserem Garten stehen. Das furchtbare Krachen und die akute Luftgefahr vertreibt uns alle, wir flüchten in die Häuser. Die wenigen Kirchenbesucher eilen in das Glockenhaus des Turmes. Als die Hauptgefahr vorüber ist, gegen 8 Uhr, kann ich meine hl. Messe beginnen vor einer kleinen, aber andächtigen Schar von Anwesenden, zu denen auch einige amerikanische Soldaten gehörten mit dem Schott'schen Missale in der einen Hand und dem schußbereiten Gewehr in der anderen Hand. – Inzwischen ist es im ganzen Dorfe lebendig geworden, besonders in unserem Häuserviertel, wo vor der Kommandantur ein reger Betrieb war und wo sich die Amerikaner zur Weiterfahrt gruppierten. Auch die bei uns im Pfarrhof einquartierte Sanitätsabteilung mobilisierte sich; die als Krankenrevier eingerichtete Stube mit einzelnen Verwundeten wird rasch geräumt; manche Soldaten erbaten sich noch von mir ein Andenken und erhielten auf Wunsch kleine Medaillen und Heiligenbildchen, die dann in ihrer Brieftasche neben ihren Angehörigen oder ihren French- und Germany-Girls aus dem Rhein- und Frankenlande ebenso freundliche Aufnahme fanden. Gegen vormittags halb 10 Uhr: Auf gehts! Nach kurzem, aber freundlichen Abschiedshändedruck weiter nach Mindelheim, Landsberg, München zu. Und so gehts von jetzt ab in einem fort weiter, unaufhörlich, Tag für Tag, Nacht für Nacht: Ein Fahren und Rennen und Rollen der ungezählten Wagen und Panzer mit dem weißen Stern der USA oder der farbigen Trikolore der Franzosen, vom Kohlberg bis zum Mindelberg, alles durch unser Kammlach; was Wunder, daß alles auf der Straße steht und niemand mehr Zeit und Lust zur Arbeit hat.
28. April: „Unter dem Sternenbanner." – Endlich einmal eine ruhige, stille ungestörte Nacht verbringen dürfen; kein Flieger mehr, keine Bomber mehr; kein Alarm mehr, keine Sirenen mehr – eine Seligkeit! Nur aus den nahen Waldungen fallen noch vereinzelte und heimliche Schüsse aus Maschinen- und

Infanteriegewehren von verstreuten und versteckten SS-Verbänden oder Wehrwölfen, wie sie ihr Führer Himmler nennt, die unsere Gemeinde noch eine Zeit lang unsicher und unheimlich machen. − Wenn wir jetzt nach Mindelheim kommen, sehen wir sofort über dem Bezirksamtsgebäude das Sternenbanner flattern, von Kammlachs Gebäuden wehen einstweilen noch die Bettücher herab, die „Kapitulationsfahnen" unserer Gemeinde.

Am frühen Morgen werden bereits durch den Bürgermeister die ersten Bekanntmachungen der amerikanischen Militär-Regierung öffentlich angeschlagen. − 1. Ausgehverbot: Vor morgens 7 Uhr und nach abends 7 Uhr darf niemand außerhalb des Hauses sein. − 2. Niemand darf den Ort (seinen Wohnsitz) verlassen. 3. Zur Besorgung wichtiger Angelegenheiten auswärts, z. B. nach Mindelheim, ist ein Passierschein des Bürgermeisters notwendig. Niemand darf das Kreisgebiet verlassen. 4. Waffenverbot: Alle Schußwaffen, Munition usw. sind abzuliefern. Ort der Ablieferung ist die Militär-Kommandantur im Gleichschen Hause. 5. Straßenverbot: Die Hauptstraße ist als Heeresstraße von Fuhrwerken, Fahrzeugen aller Art, auch Fahrrädern freizuhalten. − Military Gouvernement Germany.

Heute, Samstag, vormittag sollte der Landwirt Martin Schropp von der Filiale Wiederegg beerdigt werden; es mußte der Bürgermeister beim hiesigen Militärkommandanten erst eine eigene Genehmigung einholen, hauptsächlich wegen des Leichenzuges; nur die nächsten Angehörigen durften mitgehen; besondes schwierig war die Überquerung der Hauptstraße bei dem unbeschreiblichen Verkehr. Nach dem Beerdigungsgottesdienst ging ich mit dem aus Amerika zurückgekehrten Georg Pfister von Unterkammlach als Dolmetscher zur Kommandantur hinüber, um für meine Pfarrkinder eine Dispens vom Ausgangsverbot für den Kirchenbesuch am morgigen Sonntag und für mich einen Passierschein für nächtliche Versehgänge zu erbitten. Gerne wurde mir dieses Ersuchen vom Kommandeur, einem stattlichen freundlichen Mann, erteilt, aber unter der Bedingung, daß die Pfarrangehörigen nur ohne

Gepäck, höchstens mit Gebetbuch und Rosenkranz, ihr Haus verlassen und die Kirche besuchen durften. Die Gottesdienstordnung für den folgenden Sonntag wird in drei Sprachen angeschlagen (deutsch, englisch, französisch); die Amerikaner und Franzosen werden persönlich dazu eingeladen, auch die übrigen Ausländer, denen der Kirchenbesuch bisher von unserer Regierung verboten war.

29. April: „Oberkammlach, international in Kirche und Dorf." Vormittags 9 Uhr war Betstunde für die heuer ausgefallene Markusprozession, danach der pfarrliche Gottesdienst. Die Kirche war überfüllt, sogar die Gänge vollgepfropft. Auch unsere vielen Evakuierten aus Norddeutschland, wie aus Herne, Essen, Duisburg, Düsseldorf, Berlin, die man sonst nie in der Kirche sah, waren gekommen, auch gottgläubige, ungläubige wie gutgläubige Katholische, Evangelische und Orthodoxe. Dann waren noch unsere vielerlei Auslandsarbeiter und Kriegsgefangenen zum Gottesdienst erschienen, die vielen Polen und Polinnen, Ukrainermädel, alle jetzt sauber und hübsch gekleidet; dann die zahlreichen Italiener aus den unteren Stockwerken Napolis, die in der Mang'schen Fabrik arbeiteten; auch einzelne Russen, die jetzt das Abzeichen der Wlassowarmee mit dem roten Sowjetstern vertauscht haben. Sogar auch unsere Herren Franzosen waren sehr zahlreich erschienen in ihren olivfarbenen Uniformen, fein gebügelt und geschniegelt, viele mit dem Missale in der Hand; es waren nämlich meist Akademiker, Pariser Notare, Rechtsanwälte, Beamte, Lehrer und dergleichen. – Als ich ihnen nach dem Gottesdienste meine Anerkennung für ihren guten Kirchenbesuch aussprach, meinte einer, der Lehrer Pierre Verdier, sonst ein Freigeist: „La noblesse oblige, Monsieur Curé" (Noblesse verpflichtet, Herr Pfarrer). Vielleicht war auch bei so manchen der Kirchenbesuch eine gewisse dankbare Erkenntlichkeit für früher empfangene Liebesdienste. Auf jeden Fall war heute in der Kirche, wie noch nie, eine illustre Schar von Gläubigen versammelt, in allen Sortimenten und Qualitäten, friedlich und harmonisch, nebeneinander und untereinander, und eine feierliche ernste Stille herrschte im ganzen Gotteshaus.

Sonntag nachmittag: Internationaler Betrieb auch in unseren Straßen! Die vielen Ausländer unseres Dorfes, festlich gekleidet und geschmückt mit den Farbenbändern ihres Vaterlandes, gehen stolz und selbstbewußt durch unseren Ort spazieren; sie fühlen sich jetzt nicht mehr als Gefangene, Dienstboten oder Arbeiter, sondern als Herren und Sieger.

Mit gemischten Gefühlen schauen wir ihnen nach und wissen nun bestimmt, daß der Krieg für uns verloren ist. Aber doch muß ich wieder fast lächeln, als ein Pole aus meiner Nachbarschaft an jenem Abend treuherzig zu mir sagt: „Gell, du Pfarr, jez Krieg verspielt, aber wir jetzt schnaufe könne und du auch!"

Eine kleine Auswahl
der beliebten Allgäu-Schwaben-Bücher

Hans Breinlinger
D'r Kannenbichler und sei bessre Hälfte

Solang ma mitenander schwätzt, isch nix hi, sagt man in Schwaben. Die Kannenbichlers schwätzen viel miteinander und kommen immer wieder zusammen, auch wenn sie geteilter Meinung sind. In ihren Ehegesprächen stecken Freud und Leid des Alltags und manche kleine Lebensweisheit. Sowas kann nur jemand schreiben, der die Menschen kennt, vor allem die schwäbischen. 96 Seiten mit 13 Illustrationen von Heinz Schubert.

DM 14.80

Peter Dörfler
Allgäu-Trilogie

Mit der Allgäu-Trilogie hat Peter Dörfler seiner Heimat ein dichterisches und historisches Denkmal gesetzt: Die Wandlung des Allgäus im Zuge der Industrialisierung vom Hungerland der Hausweberei zum Land, das in der Milch- und Käsewirtschaft krisenfest und wohlhabend wurde. Der meisterhafte Erzähler und Dichter läßt die Schicksale ganzer Sippen lebendig werden und breitet das Leben jener Zeit in seiner großen Fülle vor dem Leser aus. Seine Gestalten sind historisch echt und menschlich überzeugend. Heinz Schubert schuf eindrucksvolle Zeichnungen, die der Dichtung voll gerecht werden und auch selbst Poesie ausstrahlen.

Band I, Der Notwender, 276 Seiten, 30 Illustrationen **DM 27.80**
Band II, Der Zwingherr, 336 Seiten, 38 Illustrationen **DM 29.80**
Band III, Der Alpkönig, 464 Seiten, 48 Illustrationen **DM 34.80**

Robert Dörflinger
Fronten und Freunde

Tagebuch eines schwäbischen Pfarrers: Leningrad, Kiew, Stalingrad und ein Fronturlaub in seiner schwäbischen Heimat sind die Stationen, die der Priestersoldat Robert Dörflinger aufgezeichnet hat. 54 kurze, spannend geschriebene Kapitel auf 160 Seiten mit 22 ganzseitigen Zeichnungen von Viktor Stürmer. Umschlaggestaltung Heinz Schubert. **DM 17.80**

Artur Jall
Erlebt und erzählt

Hier kommt Artur Jall als faszinierender Erzähler zu Wort. Voller Leben sind seine Geschichten aus der jüngsten und älteren Vergangenheit. Neben Erlebnissen, die nachdenklich stimmen, kommt auch der Humor nicht zu kurz. Wir lernen in diesem Buch eine neue Seite im Wesen dieses liebenswerten Autors kennen, der sich in Hochdeutsch ebenso auszudrücken versteht wie in seiner Mundart. Eingestreute Gedichte geben dem Ganzen eine besondere Note. 13 einfühlsame Illustrationen von Heinz Schubert. 100 Seiten. **DM 17.80**

Aegidius Kolb/Leonhard Lidel

D'schwäbisch' Kuche

Dieses künstlerisch überaus reizvoll gestaltete Büchlein hat in kurzer Zeit viele Freunde gefunden. Sollten Sie noch nicht unter den schwäbischen Schmankerl-Köchen sein, versuchen Sie's mal. Ein schwäbischer Bestseller mit 100000 Auflage. 192 Seiten, 200 Rezepte und 85 heitere Illustrationen von Heinz Schubert. **DM 16.80**

Franz R. Miller

Der schwäbische Peppone

Er ist ein Prachtkerl dieser Peppone. Ein Schwabe durch und durch: schlitzohrig, schlau, nachdenklich, voller Unternehmungsgeist. Vom Häusler bis zum Bürgermeister schafft er sich hoch, verliert nie das Augenmaß und ist voller Tatendrang, wenn es um „sein" Dorf, seine Heimat geht. Den „schwäbischen Peppone" muß man einfach gern haben in seiner Ursprünglichkeit. 160 Seiten mit 20 Illustrationen von Heinz Schubert. **DM 19.80**

Korbinian

Allgäuer Duranand

Wo immer Korbinians Gedichte vorgetragen werden, zünden sie. Er schaute den Leuten aufs Maul und kannte deshalb ihre Anliegen und Sprache. Gesammelte Mundart-Gedichte und Geschichten mit 57 heiteren Illustrationen von Eberhard Neef. 112 Seiten. **DM 16.80**

Arthur Maximilian Miller

Das Dorf ohne Kirchturm

Es gibt Ereignisse und Erlebnisse, die jeden Menschen „umwerfen". An ihnen zerbricht er oder bewältigt sie. Die Erzählkunst des Autors macht in den vier Novellen „Der Fünf-Wunden-Brunnen", „Der Zorn Gottes", „Das Buch des Lebens", „Das Dorf ohne Kirchturm", diese Wandlung glaubhaft. Der Leser erlebt voll Spannung, wie Menschen durch Schicksalsfügung über sich selbst hinauswachsen können. 144 Seiten, 4 ganzseitige Illustrationen von Heinz Schubert. **DM 14.80**

Arthur Maximilian Miller

Mein altes Mindelheim

Der Autor erzählt von seiner Heimatstadt, dem Mindelheim seiner Kindheit. Ein Dank Arthur Maximilian Millers, weil er mehr von ihr empfangen hat, als sich mit Worten sagen läßt. Umschlaggestaltung Heinz Schubert, 10 Zeichnungen vom Autor. 176 Seiten. **DM 19.—**

Arthur Maximilian Miller

Schwäbische Bauernbibel

Sechs humorvolle und doch tiefsinnige Predigten in schwäbischer Mundart. Die Schöpfung der Welt, Die Erschaffung der ersten Menschen, Der Sündenfall, Kain und Abel, Noah baut die Arche, Der Turmbau zu Babel. 88 Seiten, Umschlag Heinz Schubert, 6 Illustrationen von Helga Nocker.

DM 12.80

Arthur Maximilian Miller
Mei Pilgerfahrt durchs Schwabeländle
Der wackere schwäbische Pfarrer Honorat Würstle hinterläßt uns die Beschreibung seines Lebens. Seine Pilgerfahrt durchs Schwabeländle zieht an uns vorüber, von Landschaft zu Landschaft, von Pfarrhof zu Pfarrhof, von Pfarrhauserin zu Pfarrhauserin. Mittelschwaben, das Unterland und das Allgäu mit den dazugehörigen Seelenhirten, den heimischen Menschen und ihren Sitten gehen wie ein Reigen durch dieses köstliche Buch. 188 Seiten, 53 heitere Illustrationen von Helga Nocker. Umschlaggestaltung von Anne-Marie Franke. **DM 19.—**

Aegidius Kolb/Ewald Kohler
Das Landvolk des Allgäus
In seinem Thun und Treiben von Joseph Schelbert 1834—1887
Ein besonderes Allgäu-Buch für den Heimatfreund. Was Schelbert über die Allgäuer des 19. Jahrhunderts schreibt und was uns vom Hirtenbuben, Käser, Pfarrer und Reichstagsabgeordneten Joseph Schelbert bekannt geworden ist, stellt ein Allgäuer Leben dar. Besonders ansprechend sind die Zeichnungen von den Kirchen in Sigishofen, Stein, Altusried, Fischen, Schöllang, Lengenwang, Sonthofen, Bühl, Rohrmoos, Berghofen und Imberg. Zahlreiche Illustrationen aus dem bäuerlichen Leben von damals vermitteln dem Leser einen lebendigen Eindruck von den alten Bauernhäusern, Alphütten, der Einrichtung, Gerätschaften für Haus-, Land- und Milchwirtschaft, Kleidung, Musikinstrumenten und Gegenständen aus dem kunsthandwerklichen Bereich. Durch diese Abbildungen werden Schelberts Schilderungen von 1873 wieder zu neuem Leben erweckt. 320 Seiten, 58 Illustrationen von Heinz Schubert. **DM 35.—**

P. Agnellus Schneider
Der Vogelpater erzählt
Erlebtes und Erlauschtes aus der Vogelwelt in 18 Geschichten, erzählt vom „Vogelpater" Agnellus Schneider aus dem Salvatorkolleg in Bad Wurzach. Er hat mit Ohr und Herz den Musikanten des lieben Gottes gelauscht und versteht es, die Vogelsprache zu deuten. Ein warmherziges, frohmachendes Buch, so recht angetan zum Verweilen, zum Verwundern und Staunen. Bereichert hat es Magda Kampis-Banrevy mit zartfarbigen Vogelporträts. Umfang 136 Seiten mit 18 vierfarbigen Illustrationen. **DM 24.80**

Alfred Weitnauer
Auch Schwaben sind Menschen
Ein reizendes Mitbringsel voller Pointen und Überraschungen, das Freude schenkt und Spaß macht. Erfolgsbuch mit 100 000 Auflage. 136 Seiten, 58 lustige Zeichnungen von Heinz Schubert. **DM 12.50**

Preise: Stand März 1986

ALLGÄUER ZEITUNGSVERLAG KEMPTEN